स्टूडेन्ट और टाइम मैनेजमेंट

स्टूडेन्ट और टाइम मैनेजमेंट

A book on time management for students

डॉ. विजय अग्रवाल

BENTEN

बेन्तेन बुक्स

Published in India by

BENTEN

Benten Books

MIG A-121, 1st floor, P and T Rd,
Near Sharda Vidya Mandir Foundation School, Kotra Sultanabad,
Bhopal, Madhya Pradesh 462003
Phone- 0755-4245626
E-mail : bentenbooks@gmail.com
Website : www.bentenbooks.com

First Revised edition: 2009
This imprint: 2021

ISBN: 978-81-907025-4-6

Printed & bound in India by: Manipal Technologies Limited
& Published by Mr. Sannidhya Narayan for Benten Books.

Price : Rs. 175/-

अध्यायों का क्रम

भूमिका

अमेरिका में इतने वर्ष पढ़ने और काम करने के बाद अब, जब मैं भारत में रह रहा हूँ, तो मुझे महसूस हो रहा है कि भारतीय युवाओं के अस्तित्व की समस्या की जड़ युवाओं द्वारा पश्चिम की आँख बंद करके नकल करना है। हमारे प्राचीन ग्रन्थों में मन पर नियंत्रण जैसी बातों पर विशेष ज़ोर दिया गया है। यह अपनी प्रतिभा को व्यवस्थित तथा समय का उचित उपयोग किये बगैर संभव नहीं है। अगर एक बार किसी व्यक्ति ने यह कला सीख ली, तो वह अपने भाग्य का निर्माता स्वयं बन जाता है।

समय एक ऐसा अमूल्य साधन है, जिसकी हम सभी के पास कमी है। अगर इसका सही प्रबंधन कर लिया जाये, तो यह हमें बँधनों से मुक्त करके ऊपर की ओर उठाएगा। यह हमारे लिए चमत्कार कर सकता है।

यह किताब हमें मन पर नियंत्रण के द्वारा, विभिन्न टेक्नीक्स के द्वारा और अनेक उदाहरणों के ज़रिए समय-प्रबंधन का व्यावहारिक ज्ञान देती है। यदि हम इन्हें एक बार प्रयोग में ले आयें तो स्वयं के अंदर अपने आप ही विकास की प्रक्रिया शुरू हो जाएगी।

यह पुस्तक लेखक के द्वारा किया गया एक प्रयास है आपको आपसे ही जोड़ने का।

- अरुप रॉय चौधरी

प्रोफेसर, मैथेमैटिक्स एण्ड ऐडवांस्ड प्रोग्रामिंग लैंग्वेज

बैचलर्स कम्प्यूटर साइंस एण्ड मैथेमैटिक्स, न्यूयॉर्क यूनिवर्सिटी, अमेरिका

पी.एच.डी. मैथेमैटिक्स, स्टेट यूनिवर्सिटी ऑफ न्यू जर्सी, अमेरिका

पहला पन्ना

लड़कपन खेल में खोया, जवानी नींद भर सोया,
बुढ़ापा देखकर रोया, उमरिया बीत जाती है।

ये उस मधुर गीत की पंक्तियाँ हैं, जो मैं अपने छुटपन में भोर के समय, लगभग रोज ही अपनी दादी की आवाज में सुना करता था। दादी एक प्रकार से हम लोगों को इस गीत के माध्यम से बिस्तर छोड़कर उठ जाने को कहती थीं और हम लोग कभी-कभी ही उनके इस आदेश को न मानने की हिम्मत जुटा पाते थे। सचमुच, कड़ाके की ठंड में जब आप रजाई में दुबके हुए हों या बरसात के दिनों में जब नम हवा अलसाकर दिमाग पर नशे की तरह छा रही हो या फिर गर्मी के दिनों में, जब अपेक्षाकृत ठंडी हवा आपको हल्के-हल्के सहलाकर उनींदा बना रही हो, अचानक बिस्तर को छोड़कर बाहर आँगन में आ जाना कोई आसान काम नहीं था।

लेकिन अपनी जिंदगी को सँवारने में लगे हुए मेरे युवा साथियों, यदि आपको अपनी आँखों में पल रहे कोमल और महान सपनों को इस धरती पर उतारना है तो आपको बिस्तर छोड़ने का साहस दिखाना ही होगा। जिंदगी में हर रोज न जाने कितनी बार इस तरह के साहस की जरूरत पड़ती है। जो यह साहस कर लेते हैं, वे कुछ भी कर सकते हैं, क्योंकि ऐसे लोग ही समय का प्रबंधन कर पाते हैं।

मैंने यह पुस्तक केवल इसलिए लिखी है, ताकि आप समय का प्रबंधन करके अपना नाम सफल और आनंदित लोगों की सूची में दर्ज करा सकें। इस पुस्तक में आप समय से जुड़ी अपनी छोटी-बड़ी लगभग सभी समस्याओं का समाधान पा सकेंगे। फिर भी यदि ऐसा न हो, तो आप मुझे ई-मेल करने में संकोच न करें। मुझे हर समय अपने साथ ही समझिए।

आपका

डॉ. विजय अग्रवाल

ई-मेल : vkagrawal57@gmail.com
वेबसाइट : www.vijayagrawal.com

☑ बुरी खबर है कि समय उड़ रहा है, लेकिन अच्छी खबर यह है कि तुम इसके पायलट हो।

- माइकेल अल्थसूलर

☑ वही व्यक्ति अपने जीवन का एक घंटा बर्बाद करने का दुःस्साहस कर सकता है जिसने जीवन की कीमत नहीं जानी है।

- चार्ल्स डार्विन

☑ व्यक्ति समय के महत्व को पूरी तरह तब समझता है, जब इसके लिए बहुत कम समय बचा रहता है। सभी लोगों के जीवन की सबसे बड़ी सम्पत्ति उसके उत्पादक जीवन के खत्म न होने वाले वर्ष होते हैं।

- पी. डब्ल्यू. लिचफील्ड

अध्याय 1

आपकी सफलता और समय

कॉलेज के प्रोफेसर्स उससे घबराते थे और घर वाले परेशान थे। वह घर से कब निकलता था और कब घर लौटता था, इसकी जानकारी उसे छोड़ और किसी को नहीं रहती थी। खेल में उसका मन लगता था और बदमाशी करने में सबसे ज्यादा। बैडमिण्टन का अच्छा खिलाड़ी होने के नाते वह कॉलेज का कैप्टन भी था और यही उसका एकमात्र गुण था, जिसके कारण यदि आप चाहें तो उसकी तारीफ कर सकते हैं।

एक बार बैडमिण्टन में उसका मैच अपने एक सीनियर छात्र से हुआ, लेकिन वह हारा नहीं। जीतने के बाद उसने उससे हाथ मिलाया। साथ ही उससे फिर मिलने का वादा भी किया। खुशी की बात थी कि अपनी आदत के विरुद्ध उसने अपना वादा निभाया भी। इसके बाद से उन दोनों के लगातार मिलते रहने का जो सिलसिला शुरू हुआ, तो उसके घर वाले ही नहीं, बल्कि कॉलेज के प्रोफेसर्स के लिए भी यह विश्वास कर पाना बहुत कठिन था कि यही वह लड़का है, जिसे वे कुछ दिनों पहले शिरीष के नाम से जानते थे। तीन साल के अन्दर ही इस लड़के ने राज्य स्तरीय एक प्रतियोगी परीक्षा में टॉप करके सभी की इस भविष्यवाणी को झूठा सिद्ध कर दिया कि 'यह आवारा लड़का न जाने क्या करेगा,' क्योंकि उसने काफी कुछ कर जो दिखाया था।

अब आइए, झाँकते हैं एक और लड़के की जिन्दगी में। यह लड़का पढ़ने में बहुत तेज़ था, इतना तेज़ कि जिस टॉपिक को एक बार पढ़ ले, उसे दोबारा पढ़ने की ज़रूरत ही नहीं थी, लेकिन उसके साथ दिक्कत यह थी कि वह पढ़ता ही नहीं था। यह तो उसका सौभाग्य था कि अपने बड़े भाई के डर से उसे थोड़ा-बहुत पढ़ना पड़ जाता था और इसी थोड़ा-बहुत पढ़ने के कारण वह कभी भी अपनी कक्षा में दूसरे स्थान पर नहीं आया।

जैसी कि उम्मीद थी, वह डॉक्टर बना। उसने सरकारी अस्पताल में डॉक्टरी करने के बजाय अपना ही एक छोटा-सा क्लिनिक खोल लिया। उसकी डॉक्टरी चल निकली। कुछ ही सालों में उसने फिल्म स्टार जैसा एक बड़ा-सा मकान भी बना लिया। आसपास के क्षेत्र में सभी उसे एक अच्छे डॉक्टर के रूप में जानने लगे। कुल मिलाकर इस लड़के की कहानी इतनी ही है।

मैं जानता हूँ कि आप यह जरूर सोच रहे होंगे कि इस कहानी में ऐसा क्या है कि इसके बारे में आपको जानना चाहिए। आप सही सोच रहे हैं, लेकिन इस कहानी के पीछे जो दूसरी कहानी झिलमिला रही है, फिलहाल उसे आपकी आँखें नहीं देख पा रही हैं। उसे दिखाना ही इस कहानी का उद्देश्य है। इस दूसरी कहानी की जानकारी आपको तब मिलेगी, जब आप मेरे इस प्रश्न का उत्तर ढूँढ़ेंगे कि 'क्या वह लड़का उतना ही सफल हुआ, जितना कि उसे होना चाहिए था?'

मैं इस लड़के को जानता हूँ, क्योंकि यह मेरे साथ ही पढ़ता था। मुझे नहीं मालूम कि वह कब पढ़ता था, लेकिन इतना तो मालूम ही है कि उसे पछाड़ने के चक्कर में मैं जरूर खूब पढ़ता था, लेकिन मैं कभी भी प्रथम नहीं आ पाया और वह कभी भी द्वितीय नहीं रहा। यह मेरा बहुत अच्छा दोस्त है और लम्बे समय तक न मिलने के बावजूद आज भी हम बहुत अच्छे दोस्त हैं। लोग उसके आलीशान मकान की तारीफ करते हैं, जिसे सुनकर मेरी तकलीफ बढ़ जाती है। लोग केवल यह देख रहे हैं कि उसने क्या पा लिया, लेकिन मैं यह देख रहा हूँ कि वह और क्या पा सकता था। वह जितनी मेहनत करता था, यदि वह उससे केवल दोगुनी ही मेहनत

कर लेता, तो मेरा दावा है कि वह आज हिन्दुस्तान का एक बहुत बड़ा डॉक्टर होता, शायद दुनिया का भी, जबकि आज वह एक छोटे-से शहर तक सिमटकर रह गया है।

पहली कहानी के बारे में आपका ख्याल क्या है? क्या यह एक कहानी भर है? जी नहीं। वह नाम इतना बड़ा तो नहीं है कि आप सब उसे जानें, लेकिन एक ऐसा व्यक्ति जरूर है, जो उसे जानता है और बहुत अच्छी तरह से जानता है। आप इस कहानी को बिल्कुल सही कहानी मानिए और उसे जानने वाला वह व्यक्ति कौन है, इसकी जानकारी के लिए आप थोड़ा और पढ़ने की तकलीफ कीजिए।

महान वैज्ञानिक न्यूटन के पिता उसके जन्म से ही पहले चल बसे थे। अब मैं जिस तीसरे लड़के की कहानी कहने जा रहा हूँ, वह लड़का इस मायने में तो सौभाग्यशाली था ही कि जब उसके पिता का निधन हुआ, तब तक उसने अपनी नौ साल की जिन्दगी पूरी कर ली थी। इससे पहले कि स्थिति कुछ ठीक होती, उसे बहुत चाहने वाले उसके दादा ने भी उसका साथ देने से इंकार कर दिया। धीरे-धीरे स्थिति यहाँ तक पहुँची कि नौवीं के बाद उसे अपनी पढ़ाई छोड़नी ही पड़ी, क्योंकि उसे अपनी माँ, एक भाई और दो छोटी बहनों की जिम्मेदारी जो निभानी थी। पढ़ाई तो उसने छोड़ दी, लेकिन पढ़ाई छोड़ने के दुःख को वह नहीं छोड़ पाया। शहर से गाँव आए हुए एक लड़के ने जब उसे प्रायवेट परीक्षा की जानकारी दी, तो उसे ऐसा लगा मानों कि अंधे को एक नहीं, बल्कि दो-दो आँखें मिल गईं हों और वे भी काफी तेज। इस प्रकार अब उसके पढ़ने का सिलसिला फिर शुरू हो गया।

वह गाँव में अपनी दुकान पर बैठता था। सायकिल पर कपड़े की गठरी लादकर आसपास के साप्ताहिक बाजारों में कपड़े बेचता था। साथ ही वह पढ़ाई भी करता रहता था। कपड़े के थैले में हमेशा पड़ी रहने वाली किताब उसके लिए ताबीज की तरह थी, जिसे जब भी वह समय पाता, अपनी आँखों से चूमने लगता। उसके परीक्षा परिणाम बुरे नहीं रहे। इसी तरह पढ़ते-पढ़ते उसने एम.ए. किया। वह कॉलेज में अध्यापक बना। उसने

पीएचडी. की और बाद में अखिल भारतीय स्तर की प्रतियोगी परीक्षा में भी सफल होकर देश के प्रथम नागरिक के निजी सचिव के रूप में काम किया।

विश्वास कीजिए कि यह कहानी भी सही है, सौ प्रतिशत सही है। यह कहानी किसकी है, इसके बारे में अभी थोड़ी प्रतीक्षा करना ही बेहतर होगा।

अब मैं आपको चौथी कहानी सुनाने नहीं जा रहा हूँ। अब मैं इन तीनों कहानियों का मर्म बताने जा रहा हूँ। पहली कहानी का नायक आवारा था, क्योंकि वह अपने समय का उपयोग नहीं कर रहा था। उसके पास समय तो खूब था, लेकिन शायद जब आपके पास कोई चीज़ बहुत ज़्यादा हो जाती है, तब आपका ध्यान उसका सही तरीके से इस्तेमाल करने की तरफ नहीं जाता। उसके साथ भी ऐसा ही था, लेकिन बैडमिण्टन खेल की मुलाकात के बाद उसके जीवन ने जो करवट बदली, तो उसके केन्द्र में केवल यही था कि अब उसने अपने समय का इस्तेमाल करना शुरू कर दिया था और शिरीष के साथ क्या हुआ, आपको मालूम है।

दूसरी कहानी के नायक का नाम है-जीतेन्द्र सिंह। ईश्वर ने उसे अद्‌भुत स्मरण-शक्ति देकर इस धरती पर किसी बड़े काम के लिए भेजा था, लेकिन उसने ईश्वर के इस वरदान का सम्मान नहीं किया। पढ़ने में बहुत कम समय लगाया और खेलने में, कबूतरबाजी में, सोने में और आगे चलकर तथाकथित अन्य कामों में अधिक समय गँवाया। यदि आपके हाथ में समय है, तो आखिर आप उसका कुछ न कुछ तो करेंगे ही। उसने भी किया, लेकिन जो कुछ किया, वह सही नहीं था। परिणाम यह हुआ कि उसने फिल्म स्टार जैसा मकान तो बनवा लिया, लेकिन उसने स्वयं को हमेशा-हमेशा के लिए फिल्म स्टार जैसी लोकप्रियता और प्रसिद्धि से वंचित कर दिया। ऐसा इसलिए हुआ, क्योंकि उसने न तो समय की कीमत समझी और न ही ईश्वर के द्वारा दिये गये अपने विशिष्ट गुण की।

तीसरी कहानी के नायक का नाम न बताना ही बेहतर होगा, लेकिन इसका अर्थ यह लगाने की गलती कतई न कीजिएगा कि यह कहानी झूठी है, बल्कि सच तो यह है कि यह कहानी पहले की दोनों कहानियों से भी अधिक सच्ची है, बशर्ते कि एक सच से बड़ा भी कोई अन्य सच होता हो।

इस कहानी के नायक को विपरीत परिस्थितियों ने घेर रखा था। यदि वह चाहता, तो इन विषम परिस्थितियों की आड़ लेकर पढ़ने के झंझट से अपने को मुक्त रख सकता था, जैसा कि ज्यादातर लोग करते ही हैं। निश्चित रूप से उसके सामने समय की समस्या थी कि वह पढ़ेगा कब? उसने इस समस्या को समस्या तो माना, लेकिन ऐसी समस्या नहीं, जिसका समाधान ही न हो। उसे मालूम था कि एडीसन ने होटलों में जूठे बर्तन धोए थे। न्यूटन ने बैरे का काम किया था और आइंस्टीन तो एक दफ्तर में क्लर्क ही हो गये थे। यदि वे सब इतने बड़े-बड़े आविष्कारों के लिए समय निकाल सके, तो फिर उसके लिए यह कौन-सी बड़ी बात थी? उसने समय निकालने के बजाय समय चुराने की नीति अपनाई। उसने उस गेंद के आने की प्रतीक्षा नहीं की, जिस पर वह सीधे छक्का लगाता, बल्कि उसने हर गेंद से एक-एक रन बनाने का फैसला किया और अंतत: वह अपनी टीम को जिताने में सफल हो गया। उसने समय की कद्र की, तो समय ने भी अपने इस कद्रदान को समझकर उसके कद को इतना बढ़ा दिया कि उसे जानने वालों को यह यकीन ही नहीं होता कि यह वही है।

मेरे प्रिय मित्रों, मुझे नहीं मालूम कि आपने अभी तक समय के बारे में क्या सोच रखा है और आप समय को क्या समझते हैं, लेकिन मुझे अपने बारे में मालूम है कि मैंने इसके बारे में क्या सोच रखा है और मैं इसे क्या समझता हूँ तथा मुझे आपसे इस बात की इजाज़त चाहिए कि मैं आपके सामने समय के बारे में अपने कुछ विचारों को रख सकूँ, क्योंकि मैं यह मानता हूँ कि ***जीवन समय से बनता है, इसलिए समय ही जीवन है।***

आपने एक शब्द सुना या पढ़ा होगा-'स्वयंभू'। 'भू' का अर्थ होता है-होना, जन्म लेना। इस प्रकार 'स्वयंभू' का अर्थ हुआ-जिसने स्वयं जन्म लिया हो। इस शब्द का उपयोग हम ब्रह्म के लिए करते हैं, ईश्वर के लिए करते हैं, क्योंकि उसने स्वयं जन्म लिया है। उसके कोई माता-पिता नहीं हैं।

अब मैं आपसे एक छोटा-सा सवाल पूछना चाहता हूँ। वह सवाल यह है कि 'क्या आप बता सकते हैं कि समय के माता-पिता कौन हैं?' यानी कि उसका जन्म कैसे हुआ है? यानी कि समय कैसे बना है? हमें जन्म देने

का श्रेय हमारे माता-पिता को है। चट्टाने टूटकर मिट्टी बन जाती हैं। चीज़ों को रगड़ने से गर्मी पैदा होती है। आग जलने से प्रकाश का जन्म होता है। हरी पत्तियाँ ऑक्सीजन बनाती हैं और कोयले को जलाने से कार्बन डाइआक्साइड गैस निकलती है। यानी कि दुनिया में जितनी भी वस्तुएँ हैं, वे सब बनाई जा सकती हैं, लेकिन क्या आप मुझे उन वस्तुओं के नाम बता सकते हैं, जिनके मिला देने से ठीक उसी प्रकार समय बन जाता हो, जिस प्रकार हाइड्रोजन और ऑक्सीजन को मिला देने से पानी बन जाता है। आप कितना भी सोचिए, मेरा विश्वास है कि आप सफल नहीं होंगे। तो क्या इसका मतलब यह नहीं हुआ कि समय का जन्म भी स्वयं ही हुआ है और इस प्रकार यह भी स्वयंभू है। याद रखिए, स्वयंभू का मतलब है-ब्रह्म। यानी कि यदि समय ब्रह्म से श्रेष्ठ नहीं है, तो कम से कम उसके बराबर तो है ही।

वैसे सच तो यह है कि समय ब्रह्म से भी श्रेष्ठ है, लेकिन हमारे दार्शनिकों को शायद समय की यह श्रेष्ठता रास नहीं आई होगी। इसीलिए उन्होंने 'महाकाल' शब्द गढ़ा। 'काल' यानी समय और 'महाकाल' यानी बड़ा समय या समय से भी बड़ा। आप जानते हैं कि मध्यप्रदेश के उज्जैन में जो शिवलिंग है, उसे 'महाकाल' कहा जाता है, शिव नहीं। तो क्या आपको नहीं लगता कि यदि काल ब्रह्म के बराबर नहीं होता, तो फिर उसी शब्द के आगे 'महा' लगाकर शिव की कल्पना क्यों की जाती।

फिर हम सिख धर्म के 'अकाल' शब्द को भी कैसे भुला सकते हैं- सत्‌श्री अकाल। अर्थात् ईश्वर ही सत्य है। यहाँ 'अकाल' का मतलब दुर्भिक्ष (सूखा) से नहीं है, बल्कि अकाल का अर्थ है - वह; जो काल से परे है।

याद रखिए कि काल से परे दुनिया में कोई नहीं है। भगवान श्रीराम ने सरयू में समाधि ली थी। भगवान श्रीकृष्ण एक बहेलिए के तीर से मारे गए थे। मोहम्मद साहब का इन्तकाल हुआ। ईसा मसीह सूली पर चढ़ाये गए। गौतम बुद्ध, महावीर स्वामी और गुरु नानक देव को भी इस काल का ग्रास बनना पड़ा था। कोई भी परे नहीं है इससे। केवल एक ही इससे परे है और वह है-ब्रह्म। इसीलिए जब ईसा मसीह से पूछा गया था कि "आपके प्रभु का राज्य कैसा होगा? " तब उन्होंने कहा था कि "मेरे प्रभु

के राज्य में समय नहीं होगा।''

आप देख रहे हैं न समय की प्रबलता को, उसकी शक्ति को और उसके चरित्र को। हर कोई घबराता है समय से, क्योंकि हर कोई है इसकी पकड़ में; फिर चाहे वह राजा हो या रंक, मालिक हो या नौकर, दानव हो या देवता। तो ऐसी स्थिति में यदि हम समय को ईश्वर मान लें और समय की आराधना को ही ईश्वर की आराधना मान लें, तो क्या इसमें कुछ गलत होगा? मेरी समझ से तो बिल्कुल भी गलत नहीं होगा, बल्कि यही सबसे बड़ा सच होगा। भगवान किसे कहते हैं? जो आपके भाग्य को बना दे, वही भगवान है। जिसका भाग्य अच्छा है, वह भाग्यवान कहलाता है, लेकिन क्या आपने कभी यह सोचने के लिए वक्त निकाला है कि भाग्य बनता कैसे है? जब आप किसी ज्योतिषी के पास जाते हैं, तो या तो आप अपने जन्म का समय बताते हैं या फिर उसे आप अपना हाथ दिखाते हैं। आपके जन्म के समय के आधार पर वह आपकी जन्म कुण्डली बना देता है कि आपकी जिन्दगी कैसी होगी। देखा आपने समय की शक्ति को। इतना बलवान है समय। ***जिस क्षण आप जन्म लेते हैं, वही आपके भाग्य का निर्धारण करने वाला बन जाता है।***

कोई ज्योतिषी आपकी हथेली की रेखाओं को देखकर आपका भविष्य बताता है। इस शब्द पर ध्यान दीजिए – हथेली की रेखाओं को देखकर। हम जो भी काम करते हैं, हाथ से ही करते हैं। तो क्या इसका अर्थ यह नहीं हुआ कि हमारे काम ही हमारे भाग्य का निर्धारण करते हैं। ***जो काम करेगा उसके काम होंगे और जिसके काम होंगे, उसी का भाग्य बनेगा।*** यहाँ यह बात बहुत साफतौर पर समझ ली जाना चाहिए कि ईश्वर हमारे लिए काम नहीं करेगा। हाँ, हम काम करने लगें, तो वह हमारे साथ लगकर हमारे लिए काम ज़रूर करेगा। इसी से हमारा भाग्य बनता है और कुछ नहीं करने से भाग्य बिगड़ जाता है और जब भी हम कुछ करते हैं, तो यह बात बहुत साफ है कि हम अपने समय का उपयोग कर रहे हैं।

यदि आपकी थोड़ी-सी भी रुचि धर्म में, अध्यात्म में, या रहस्य में है तो आपने ये तीन शब्द सुने होंगे–कर्मयोग, ज्ञानयोग और भक्तियोग। भगवद्गीता

में भगवान श्रीकृष्ण ने अर्जुन को इन तीनों ही योगों का संदेश दिया है। अब मैं आपको इसी क्रम में एक चौथे शब्द 'समय योग' के बारे में बताने जा रहा हूँ, जिसे निश्चित रूप से आप पहली बार पढ़ रहे होंगे।

समय योग - कर्मयोग का अर्थ यह है कि व्यक्ति कर्म के द्वारा मोक्ष को पा सकता है। जब अर्जुन कुरुक्षेत्र में युद्ध करने से मना करने लगा, तो उनके सारथी और सखा भगवान श्रीकृष्ण ने अर्जुन से कहा - ***'तुम युद्ध करो। रणक्षेत्र से भागो नहीं। कर्म करो, क्योंकि कर्म करना ही तुम्हारा धर्म है।'***

ज्ञानयोग ज्ञानियों के लिए है। जिन्हें ब्रह्म का ज्ञान हो जाता है, जो जीवन और जगत को समझ लेते हैं, उन्हें भी मोक्ष की प्राप्ति हो जाती है। भगवान श्रीकृष्ण ने भगवद्गीता में अर्जुन को केवल कर्म ही करने के लिए नहीं कहा, बल्कि ज्ञान भी दिया। अर्जुन पूछते हैं कि 'हे कृष्ण, यह बताएँ कि हमें कर्म कैसे करना चाहिए?' काम करना ही सब-कुछ नहीं है, बल्कि यह जानना उससे भी अधिक ज़रूरी है कि काम कैसे करना चाहिए। बिना सही जानकारी के काम करने से बेहतर है कि काम किया ही न जाए। इसलिए कृष्ण ने बताया कि काम करो और फल की चिन्ता किए बिना करो, तभी काम अच्छे से होगा।

और मोक्ष का तीसरा मार्ग है-भक्तिमार्ग। यह उनके लिए है, जो न तो कर्म कर सकते हैं और न ही ज्ञानी बन सकते हैं। तो सवाल यह था कि ऐसे सामान्य लोग कैसे मोक्ष पाएँ? इसके लिए भक्ति का रास्ता बताया गया। भक्ति का अर्थ है - समर्पण कर देना। आप अपने-आपको भगवान के सामने समर्पित कर दीजिए, तो मोक्ष की प्राप्ति हो जाएगी। कृष्ण ने अर्जुन को इसका भी उपदेश दिया। उन्होंने साफ-साफ कहा कि 'इधर-उधर की बातें सोचना बन्द करो। तुम तो बस मेरी शरण में आ जाओ और अपना काम करते रहो। सब समर्पित कर दो मुझे। मैं सब देख लूँगा। तुम तो बस युद्ध करो।'

अब हम आते हैं - समययोग पर। 'योग' का मतलब है-जोड़। जब कुछ चीजें आपस में जुड़ जाती हैं, तो हम उसे उन चीजों का योग होना कहते

हैं और जब अच्छी चीजें आपस में जुड़ जाती हैं, तो इसे संयोग कहते हैं। ठीक इसी तरह जब जुड़ी हुई चीजें बिछुड़ जाती हैं, तो वह वियोग कहलाने लगता है। तो समययोग क्या हुआ?

समययोग का मतलब है-वह बिन्दु, जहाँ कर्मयोग, ज्ञानयोग और भक्तियोग आकर मिल जाते हैं, एक-दूसरे से जुड़ जाते हैं। यह एक ऐसा अद्‌भुत संक्रमण स्थल है, जहाँ ये तीनों मिलकर एक हो जाते हैं। यदि इन तीनों में से हम किसी एक को भी पा लें, तो बेड़ा पार लग जाता है। फिर तीनों को पाने पर तो क्या होता होगा, इसे आप समझ ही सकते हैं, लेकिन यदि आपको समययोग को साधना है, तो यह इन तीनों के जोड़ से ही सधता है। इसीलिए तो यह तीनों योगों से श्रेष्ठ है।

आइए, इसे थोड़ा-सा समझने की कोशिश करें।

हमारे जीवन का एक भी क्षण समय से परे नहीं होता। हम चाहे जाग रहे हों या सो रहे हों, हम चाहे बुद्धि से सोच रहे हों या कल्पना से, हम समय के कैनवास के बिना सोच ही नहीं सकते। आप कितनी भी ऊल-जलूल कल्पना कर लीजिए, आप पाएँगे कि उस कल्पना के पीछे समय मौजूद रहता ही है। समय के बिना कुछ कर पाना, सोच पाना कठिन ही नहीं, बल्कि असम्भव है, एकदम असम्भव।

तो इसका मतलब यह हुआ कि हम हर क्षण समय के साथ ही रहते हैं। समय के साथ रहना एक बात है और समय का सदुपयोग करना बिल्कुल दूसरी बात है। यहाँ मेरा मकसद यह बताना है कि आप कैसे समय को साधकर, उसका सदुपयोग करके अपने जीवन को एक नई ऊँचाई दे सकते हैं और समय का सदुपयोग तब होता है, जब हम कुछ करें। ***कुछ करना ही समय को साधना है।*** यदि आप चुपचाप बैठे हुए हैं, तो भी आप हैं तो समय के साथ ही, लेकिन समय के साथ होने का मतलब समय को साधना या समय की साधना करना नहीं होता। आप एक नदी के किनारे बैठे हुए हैं। पानी लगातार बह रहा है। आपके बैठे रहने के दौरान नदी में न जाने कितना पानी बह गया। तो क्या वह सब का सब पानी आपका हो गया? जी नहीं, आपका तो एक बूँद भी नहीं हुआ। वह तो सब समुद्र का हो गया। आपका

तो तब होता, जब आप तट पर से उठकर उस पानी को किसी बर्तन में भर लेते। जितना बर्तन में भरते, उतना ही पानी आपका होता। जितनी बार भरते, उतना ही आपका होता।

तो दोस्तों, यहाँ बात बिल्कुल साफ है कि ***समय का वही टुकड़ा आपका अपना होता है, जिसका आप उपयोग करते हैं।*** अन्यथा वह यूँ ही बेकार चला जाता है। वह तो बहकर आगे बढ़ेगा ही, क्योंकि उसे अब तक न तो कोई रोक सका है और न ही भविष्य में कोई रोक सकेगा।

समय योग हमें यही सिखाता है कि हम किसी काम को कैसे करें कि हमारे समय का अच्छे से अच्छा और अधिक से अधिक उपयोग हो सके। तो आइए, तीनों योगों के आधार पर काम के अच्छा से अच्छा होने की जाँच-परख करें।

पहला है - कर्मयोग। कर्म योग का मतलब है-काम को करना। सीधी-सी बात है कि कोई भी काम; चाहे वह कितना भी छोटे से छोटा हो, तभी होगा, जब कोई उसे करेगा। बिना करे कुछ नहीं होता। आपकी पुरानी कलम वर्षों तक आपकी दराज में पड़ी रह जाती है। वह एकदम अनुपयोगी होने के बावजूद अपने आप दराज से निकलकर कूड़ेदान में नहीं जाती। उसे निकालकर कूड़ेदान में डालना पड़ता है। जैसा कि आप पढ़ चुके हैं, जब भी हम काम करते हैं, तो इसका मतलब ही यह हुआ कि हम अपने समय का उपयोग कर रहे हैं।

दूसरा है - ज्ञानयोग। काम तभी अच्छे से होगा, जब हमें इस बात की ठीक से जानकारी हो कि उस काम को किया कैसे जाता है। ***खेत को जोतकर बीज डाल देने से ही फसल नहीं हो जाती।*** एक किसान को मालूम होना चाहिए कि किस जमीन में कौन-सी फसल होगी। उसे मालूम होना चाहिए कि वह उस जमीन को कब जोते। कब उसमें बीज डाले, कब-कब उसमें पानी दे और कितना पानी दे। इन जानकारियों के अभावों में भी फसल भले ही हो जाए, लेकिन उतनी नहीं होगी, जितनी कि होनी चाहिए थी। तो बात एक बार फिर से साफ है कि कर्म के साथ-साथ उस कर्म को कैसे किया जाये, इसका भी ज्ञान होना ज़रूरी है।

तीसरा है – भक्तिमार्ग, जो समर्पण की माँग करता है। जब तक हमें अपने काम के प्रति समर्पण नहीं होगा, उसके लिए हमारी गहरी प्रतिबद्धता नहीं होगी, तब तक वह काम सही और अच्छे तरीके से नहीं हो सकता। आपका दोस्त दस पृष्ठ दो घण्टे में याद कर लेता है, जबकि आपको उसे याद करने में पाँच घण्टे लग जाते हैं। आप सोचते होंगे कि ऐसा इसलिए होता है, क्योंकि उसकी बुद्धि तेज़ है। थोड़ा-बहुत तो इसके कारण होता है, लेकिन ज्यादा नहीं। इसका सबसे बड़ा कारण यह है कि आपके दोस्त में पढ़ाई के प्रति अधिक समर्पण है और आपमें उसकी तुलना में कम। इसलिए वह जिस काम को दो घण्टे में कर रहा है, उसी काम को करने के लिए आप पाँच घण्टे ले रहे हैं। इस प्रकार आप रोज उससे तीन घण्टे पिछड़ रहे हैं और गणित लगाइए कि यदि ऐसा ही होता रहा, तो सत्तर साल की जिन्दगी में आप उससे कितना पिछड़ जाएँगे ? इतना पिछड़ जाएँगे कि लोगों को यह विश्वास दिलाना मुश्किल होगा कि कभी आप दोनों अच्छे मित्र थे।

तो देखा आपने कि कैसे किसी भी काम को अच्छी तरह से करने के लिए कर्मयोग की भी जरूरत है, ज्ञानयोग की भी जरूरत है और भक्तियोग की भी। जब हमारे अन्दर ये तीनों ही योगों का योग बन जाता है, तब सही मायने में हमारे लिए समययोग की स्थिति आती है और हम 'समययोगी' बन जाते हैं। कर्मयोगी, ज्ञानयोगी और भक्त, इन तीनों का ही समन्वय है – समययोगी।

है न कितना अद्भुत समययोगी बनना ? सचमुच ! कितना मज़ेदार और कितना उपयोगी भी।

तो मेरे प्यारे मित्रों, मैं आपको विश्वास दिलाता हूँ कि यदि आपने समय के इस महत्त्व को आत्मसात करके उसे अपने जीवन में थोड़ा भी उतारने की कोशिश की, तो इसमें कोई दो राय नहीं कि सफलता स्वयं आप तक चलकर आएगी, लेकिन इससे पहले आपको चलना होगा। आपको कर्म करना होगा।

समययोगी बनिए ! समययोगी बनिए !! समययोगी बनिए !!! समयभोगी बनने से बचिए। तो यह है इस पुस्तक के पहले अध्याय का पहला मंत्र। याद कीजिए उन तीनों नायकों को। पहला कुछ नहीं होते हुए काफी कुछ बन गया। उसका नाम है- शिरीष सिन्हा। दूसरा कुछ भी बन सकता था, लेकिन

वह थोड़ा ही बन सका। उसका नाम है–जीतेन्द्र और तीसरा है–बेनाम नायक; जिसके दूर तक कुछ भी बनने की सम्भावना नहीं थी, लेकिन वह भी काफी कुछ बन गया। हाँ, इतना कुछ नहीं कि जिसे सब कुछ कहा जा सके। ये तीनों सच्ची कहानियाँ इस बात को सिद्ध करती हैं कि ***अक्सर एक औसत प्रतिभा का आदमी प्रतिभावान से आगे निकल जाता है, बशर्त कि वह समय को समझ ले।*** *आईये मिलते हैं कुछ ऐसे ही शख्सों से।*

अपने समय का इस्तेमाल कैसे करना चाहिए, इसके लिए 'थोक आविष्कारक' थॉमस अल्वा एडीसन की जीवनी पढ़ने लायक है।

एडीसन एक बुद्धू क़िस्म का लड़का था। जब वह शहर आया, तब उसने सोचा कि वह अपने समय का इस्तेमाल कैसे करे। डेट्रॉइट शहर में वह कुछ साग–सब्ज़ियाँ खरीदकर लाता था और रेल में लादकर उन्हें थोड़े से लाभ में बेच देता था। वापस लौटने के बाद उसके पास समय शेष रहता था। उसका व्यावहारिक मस्तिष्क कोई ऐसी तरक़ीब सोचने लगा कि डेट्रॉइट में बचे हुए इस फालतू वक़्त और ट्रेन में बीतने वाले समय का कुछ उपयोग किया जाए। वह डेट्रॉइट में युवाओं के एक क्लब का सदस्य बन गया, ताकि उनके पुस्तकालय में बैठकर पढ़ सके।

लेकिन एडीसन ने इससे भी बड़ी सूझ की बात यह की कि उसने रेलवे कंपनी में ही अख़बार बेचने वाले की नौकरी कर ली। इससे उसे केवल यही फ़ायदा नहीं हुआ कि वह ट्रेन में बीतने वाले तीन घंटों में जहाँ–जहाँ गाड़ी रुकती थी, उन स्टेशनों पर अख़बार बेचकर मुनाफ़ा कमाने लगा, बल्कि अब उसे मुफ्त में यात्रा करने का पास भी मिल गया था, लेकिन यहाँ एक समस्या और भी थी कि अख़बार तो तभी बिकता था, जब गाड़ी स्टेशन पर रुकती थी। तो वह चलती गाड़ी में क्या करे? उसने किया यह कि एक स्टेशन से दूसरे स्टेशन के बीच के समय का इस्तेमाल वह कुछ विचित्र किस्म के प्रयोग करने में करने लगा।

क्या आपको नहीं लगता कि सचमुच में एडीसन ने अपने समय की कितनी सुंदर व्यवस्था की और समय प्रबंधन के इसी गुण ने एडीसन के हाथों हज़ारों आविष्कार कराए। 84 वर्ष की आयु में सन् 1931 में जब उन्होंने आख़िरी साँस ली थी, तब देश और विदेशों में उनके नाम से 1500 से कम पेटेंट नहीं थे। क्या आप किसी अन्य ऐसे वैज्ञानिक का नाम बता सकते हैं, जिसके नाम इतने सारे पेटेंट हों? कोशिश भी मत कीजिए, क्योंकि ऐसा अन्य कोई है ही नहीं।

पच्चीस वर्ष की उम्र में बहरों के प्राध्यापक के रूप में बोस्टन में पहुँचते ही ग्राहम बेल ने अतिरिक्त समय में किए जाने वाले शौक़िया काम के रूप में 'हार्मोनिक टेलिग्राफ' के प्रयोग शुरू करके अंततः टेलीफोन बनाने में सफलता पाई।

मैं नहीं जानता कि आपको यह मालूम है या नहीं कि विल्बर राइट और ऑरविल राइट का मन जब साइकिल बेचने से ऊब गया, तो इन दोनों भाइयों ने साइकिलें बनाना शुरू कर दिया। इनकी फैक्ट्री का नाम था–राइट साइकिल कंपनी। उनके पास इस साइकिल व्यापार से जो भी समय बचता था, तीन साल तक उसके हर मिनट का इस्तेमाल उन्होंने उड़ान संबंधी संदर्भ साहित्य को पढ़ने में किया। इसी अतिरिक्त समय में किए गए प्रयोगों का नतीजा यह हुआ कि वे वायुयान बनाने में सफल रहे, जो आज न जाने कितने लोगों को कितना अतिरिक्त समय उपलब्ध करा रहा है।

तो एक बार फिर से मेरे साथ वही नारा दोहराइए – मैं समययोगी बनूँगा! मैं समययोगी बनूँगा!! मैं समययोगी बनूँगा!!!

- ☑ अपने समय को बर्बाद करने वाले लोग ही सबसे पहले समय की कमी का रोना रोते हैं।

  - जीन डी ला ब्रुयर

- ☑ समय-प्रबंधन की कला को सीखने के बाद तुम इस सत्य को समझ सकोगे कि ज्यादातर लोग अपनी सालाना उपलब्धियों का बहुत अधिक अनुमान लगाते हैं और दस वर्षों की उपलब्धियों का कम अनुमान लगाते हैं।

  - एन्थोनी रॉबिन्स

- ☑ समय के उपयोग के बारे में समझदार बनो। जीवन में प्रश्न यह नहीं है कि हमारे पास समय कितना है? प्रश्न यह है कि हम इसका करते क्या हैं?

  - अन्ना रॉबर्टसन ब्राउन

अध्याय 2

क्या है समय प्रबंधन

कमोबेश हम सभी अपनी जिन्दगी में समय को लेकर परेशान रहते हैं। यदि आप थोड़ी भी गहराई में जाकर देखेंगे, तो आपको यह एक विचित्र बात लगेगी कि यह समय सब जगह है। सर्वव्यापक है यह। आप खुद सोचकर देखिए कि आखिर आप क्या हैं? आप अभी जितने साल के हैं, वही आप हैं। आगे चलकर आप प्रशासक, डॉक्टर, इंजीनियर, उद्योगपति, व्यापारी और किसान बन जाएँगे। सोचिए कि यह काम किसने किया? समय ने ही न। मतलब यह हुआ कि ***दुनिया में जितनी भी चीज़ें हैं, उन सभी में समय समाया हुआ है।*** या इसे यूँ कह लीजिए कि उन सभी को समय ने बनाया है। एक बच्चे को जवान बनाने का काम समय करता है। एक नौजवान भी समय के सहयोग से ही बूढ़ा होता है।

यदि समय सही में इतनी बड़ी चीज़ है, तो यदि इसका प्रबन्धन करना भी बड़ी चीज़ लगे, तो शायद कुछ गलत नहीं होगा। इसलिए इस किताब को पढ़ने की शुरुआत करने से पहले आपके दिमाग में यह बात बैठ सकती है कि आप कोई कठिन किताब पढ़ने जा रहे हैं, लेकिन सच मानिये कि ऐसा बिल्कुल भी नहीं है। आप बहुत सरल किताब पढ़ने जा रहे हैं, लेकिन बहुत अच्छी और हाँ, बहुत ज़रूरी भी।

मैं इस बात को मानकर चलता हूँ कि जब हम समय का प्रबन्धन करते हैं, तो यह थोड़ा कठिन और कभी-कभी तो बहुत उबाऊ भी हो जाता

है, लेकिन जब यह काम हो जाता है, तो उसके परिणाम बड़े होते हैं – बहुत बड़े। यदि आप इस बात को स्वीकार करते हैं कि मेरा जीवन समय से ही बना है, तो अब आपको मेरी यह बात भी स्वीकार कर लेना चाहिए कि आप अपने समय को बनाकर (अपने समय को बचाकर और उसका सही उपयोग करके) अपने शेष जीवन को बना सकते हैं और इसे वैसा ही बना सकते हैं, जैसा कि आप इसे बनाना चाहते हैं। मैं इस धारणा का व्यक्ति हूँ कि ***चूँकि हम सभी अपने जीवन से प्यार करते हैं, इसलिए हम सभी को अपने समय से भी प्यार करना चाहिए, क्योंकि आखिर यह जीवन समय से ही तो बना हुआ है।*** सच पूछिए तो मुझे यह बात समझ में नहीं आती कि अपने समय को नष्ट करने वाला व्यक्ति कैसे इस बात का दावा कर सकता है कि वह अपने जीवन को बचाना चाहता है।

आप यह मानकर बिल्कुल मत चलिए कि समय-प्रबंधन कोई मुश्किल काम है। हाँ, यह उनके लिए जरूर मुश्किल है, जो किसी भी सरल से सरल काम को हाथ में लेकर उसे कठिन बना देते हैं। तो आइए, देखें कि यदि यह सचमुच में सरल है, तो कैसे है?

बहुत सरल है यह। इसकी परिभाषा बहुत सरल है और इसे करना तो उससे भी अधिक सरल है। मेरे अनुसार समय-प्रबंधन की बहुत सीधी-साधी और सरल परिभाषा है कि- ***जिसे जो काम जब करना चाहिए, उस समय उसी काम को करना समय का प्रबंधन है।*** क्या आपको यह परिभाषा जटिल और कठिन लगती है? आइन्स्टीन के सिद्धान्त और अर्थशास्त्र की परिभाषाओं को रटकर परीक्षा में ज्यों का त्यों उतार देने वाले आपको भला यह परिभाषा कठिन कैसे लग सकती है?

मैं यहाँ आपको विशेष रूप से यह चेतावनी देना चाहूँगा कि समय-प्रबंधन का मतलब यह कतई नहीं है कि चूँकि आप पढ़ाई कर रहे हैं, इसलिए ज़्यादा से ज्यादा पढ़ें। इसका यह भी मतलब नहीं है कि आप कैसे ज्यादा से ज्यादा पढ़ने के लिए समय निकालें। इसका यह भी मतलब नहीं है कि आप कैसे अपने खराब होने वाले समय को खराब होने से बचाकर पढ़ाई में लगाएँ। अधिक से अधिक पढ़ना समय का प्रबन्धन नहीं है। अधिक से

अधिक काम करना और केवल काम करते रहना भी समय का प्रबन्धन है। इससे तो सारा मामला ही गड़बडा जाएगा। ऐसा आप कुछ दिन तो कर सकते हैं, लेकिन लम्बे समय तक नहीं और यदि आप लम्बे समय तक करने की कोशिश करेंगे, तो हो सकता है कि आप कुछ शारीरिक और मानसिक समस्याओं के शिकार हो जाएँ। तो फिर ऐसे समय के प्रबन्धन से भला फायदा ही क्या? चूँकि समय हर जगह मौजूद है, वह हर एक के साथ चिपका हुआ है, इसलिए ***समय को साधने का मतलब हुआ -सभी को साधना, न कि सबको छोड़कर केवल एक को साधना।*** इस बात को समझे बिना आप सही तरीके से समय का प्रबन्धन नहीं कर सकते।

तो मेरी दृष्टि में समय-प्रबंधन का पहले से भी कहीं अधिक सरल मतलब यह हुआ कि जब आपको सोना चाहिए, तब आप सो रहे हैं। जबकि आप करते यह हैं कि जब नहीं सोना चाहिए, तब भी सोते हैं। मेरे समय-प्रबंधन का मतलब है कि जब आपको खाना चाहिए, तब आपको खाना चाहिए। जब आपको खेलना-कूदना चाहिए, तब आप खेलकूद रहे हैं, लेकिन आप करते यह हैं कि खाना खाने को एक बोझ मानते हुए जल्दी-जल्दी निपटाते हैं या तो आप उस समय भी खेलते हैं, जब आपको पढ़ना चाहिए या फिर आप तब भी नहीं खेलते, जब आपको खेलना चाहिए, क्योंकि आपको वह समय की बर्बादी जान पड़ती है। जब आप दोस्तों के साथ पार्क में घूमते रहते हैं, तब आपका मन सोचता है कि आपको घर में रहकर पढ़ना चाहिए था। जब घर में बैठकर पढ़ रहे होते हैं, तब आपका मन करता है कि 'कितना अच्छा होता कि मैं भी मल्टीप्लेक्स में जाकर दोस्तों के साथ अमुक फिल्म देख रहा होता।' तो हो गई न सारी बात गड़बड़?

यहाँ आप देख रहे हैं कि जो काम जिस समय होना चाहिए, उस काम को आप उस समय कर नहीं रहे हैं, बल्कि करने की कोशिश कर रहे हैं या यूँ कह लीजिए कि मजबूरी में कर रहे हैं, मन को मारकर कर रहे हैं। यदि आपने मन को ही मार दिया, तो फिर भला मरे हुए मन से कोई भी काम अच्छे से कैसे हो सकता है और यदि कोई काम अच्छे से नहीं हो रहा है, तो मेरे हिसाब से आपका समय नष्ट हो रहा है; फिर चाहे आप भले ही उस काम

को करने में कितने भी घण्टे तक क्यों न जुटे रहें।

आपको पढ़ने के लिए समय चाहिए। आपके पास दो घण्टे का समय है और आप पढ़ने बैठ जाते हैं। आप पढ़ रहे हैं, लेकिन पढ़ने में मन नहीं लग रहा है। आपका मन कहीं और है। याद रखिए, ***जहाँ मन रहता है, वहीं हम रहते हैं।*** आप कक्षा में बैठे हुए हैं, लेकिन आपका मन बाजार में है। शिक्षक पढ़ा रहे हैं। उनकी आवाज आपके कानों में पड़ रही है, लेकिन चूँकि आपका मन बाजार में है, इसलिए शिक्षक की बात आपके दिमाग में नहीं जाएगी। यदि उसी समय शिक्षक अपने लेक्चर के बारे में आपसे कोई प्रश्न कर दे, तो आप अचकचा जाएँगे। चूँकि मन आपके साथ नहीं था, इसलिए उसने सुनी हुई बातों का अनुवाद किया ही नहीं। आप किसी चीज़ को देखिए। देखते समय यदि मन कहीं और है, तो वे देखे हुए दृश्य आपके अन्दर नहीं उतर पाएँगे। आप किसी कलम को छूते हैं, कोई खास फर्क नहीं पड़ता, लेकिन यदि तुरन्त आपको यह बता दिया जाए कि यह महात्मा गांधी की कलम है, तो देखिए कि उसको छूने पर आपके अन्दर कुछ-कुछ होने लगेगा। तो यह किसने किया ? मन ने ही न।

मतलब यह हुआ कि हम जो हैं, वह मन ही है। हम वहीं रहते हैं, जहाँ हमारा मन रहता है, लेकिन व्यवहार में हमारे साथ अक्सर उलटा होता रहता है। होता यह है कि हमारा शरीर कहीं रहता है तथा हमारा मन कहीं और। तो जब हम खुद ही दो भागों में बँट गये हैं, तो फिर भला समय कई-कई भागों में क्यों नहीं बँट जाएगा। आधा समय हमारे शरीर के साथ है, तो आधा समय हमारे मन के साथ।

इसलिए आप इस बात को अच्छी तरह गाँठ बाँध लीजिए कि समय-प्रबंधन का यह मतलब बिलकुल भी नहीं है कि आप कितने घण्टे पढ़ते हैं। इसका मतलब केवल इस बात से है कि आप पढ़ी गई बातों को कितना ग्रहण कर पाते हैं। पढ़ने का संबंध घण्टों से नहीं, बल्कि ग्रहण किये गये ज्ञान से है। एक लड़का है, जो दो घण्टे में दस पृष्ठ याद कर लेता है। दूसरा लड़का है, जिसे इन दस पृष्ठों को याद करने में पाँच घण्टे लग जाते हैं। तो अब आप कैसे इन दोनों को सलाह देंगे कि उन्हें रोज कितने घण्टे

पढ़ना चाहिए। क्या दोनों को एक जैसी ही सलाह दी जा सकती है? नहीं, क्योंकि दोनों की क्षमता में ढाई गुने का फर्क है।

अब मैं आता हूँ एक दूसरी ज़रूरी बात पर। आप विद्यार्थी हैं और निश्चित रूप से पढ़ना आपका मुख्य काम है, लेकिन याद रखिए कि यह मुख्य काम है, एकमात्र काम नहीं। पढ़ाकू किस्म के विद्यार्थियों के साथ यह खतरा अक्सर हो जाता है। वे पढ़ने के चक्कर में खेलना-कूदना, सोना, घूमना, खाना-पीना, मज़ाक करना, मनोरंजन करना, हँसना और बातचीत करने जैसी ज़रूरी बातें भूल जाते हैं। उन्हें ये सारी चीज़ें बेकार, अशिष्ट तथा समय की बर्बादी लगती हैं। मुझे लगता है कि वे ऐसा सोचकर सही नहीं कर रहे हैं।

हमें यह मानकर चलना चाहिए कि हमारा यह शरीर भी प्रकृति का उसी तरह से एक हिस्सा है, जिस तरह से पेड़, पक्षी और पशु हैं। प्रकृति ने जिस प्रकार इन्हें बनाया है, उसी तरह हमें भी रचा है। आप कल्पना करके देखिए कि यदि हमारा यह शरीर नहीं होगा, तो क्या हम हो सकते हैं? आप पढ़ना चाहते हैं। पढ़कर कुछ बनना चाहते हैं। बनकर कुछ करना चाहते हैं। ठीक है, बहुत अच्छी बात है। ऐसा सोचना ही चाहिए, लेकिन इसके साथ ही यह भी सोचना चाहिए कि यह पढ़ना कैसे होगा? यदि आप स्वस्थ नहीं हैं, तो क्या पढ़ सकते हैं? यदि आपकी आँखें कमजोर हैं, तो क्या आपकी पढ़ाई हो सकती है। यदि आपका दिमाग सुस्त है, तनाव में है, तो क्या पढ़ाई हो सकती है। इन सभी का उत्तर होगा-'नहीं हो सकती।' तो फिर जब आप नाव के बिना नदी को पार ही नहीं कर सकते, तो क्या उस नाव के प्रति आपकी कोई जिम्मेदारी नहीं बनती? हम यहीं गलती कर बैठते हैं। हममें से ज्यादातर लोगों से यही सबसे बड़ी गलती हो जाती है। हम सब अपनी पढ़ाई और कामों में इतने ज्यादा खो जाते हैं कि इस शरीर की जरूरतों पर ध्यान ही नहीं दे पाते। नतीजा यह होता है कि कुछ समय बाद नाराज होकर यह शरीर भी हमारा ध्यान रखना बन्द कर देता है। यदि ऐसा हो गया, आप बीमार पड़ गये, तो अब समय का प्रबंधन कैसे होगा?

इसलिए आप, जो अभी इस पुस्तक को पढ़ रहे हैं और इस नाते मेरे

प्रिय भी हैं, कृपया इस बात को अच्छी तरह समझ लीजिए कि आपको अपने जीवन की सारी आवश्यकताओं के बीच ठीक उसी तरह एक खुबसूरत संतुलन बनाकर चलना है, जिस तरह राजस्थान से आकर मेले में तमाशा दिखाकर आपकी वाहवाही लूटने वाला नट अपने हाथों में लम्बा-सा बाँस लेकर तनी हुई पतली-सी डोर पर डगमगाए बिना चलता है। यदि डगमगाया तो गिरा, लेकिन वह डगमगाता इसलिए नहीं, क्योंकि वह हाथ में पकड़े हुए बाँस के जरिए अपना संतुलन बनाए रखता है। आपको भी ऐसा ही करना है।

आइंस्टाइन भी ऐसा कर सकते थे, तो फिर आप ऐसा क्यों नहीं कर सकते। आइये जानते हैं उनकी कहानीनुमा एक सच्ची घटना।

सन् 1936 में जब अल्बर्ट आइंस्टाइन की पत्नी की मृत्यु हुई, तो उनकी बहन माजा घरेलू कामकाज सम्भालने के लिए इस महान व्यक्ति के साथ रहने लगीं। सन् 1950 में इस बहन को दौरा पड़ा और वे कोमा में चली गईं। इसके बाद आइंस्टाइन हर दोपहर दो घंटे उनके साथ गुजारते थे, और उसे प्लेटो की किताब जोर से पढ़कर सुनाते थे। हालाँकि उनकी तरफ से कोई संकेत नहीं मिल रहे थे कि वह समझ रही हैं या नहीं, फिर भी आइंस्टाइन को लगता था कि उसके मस्तिष्क का एक हिस्सा जीवित है और आइंस्टाइन जानते थे कि किसी का ध्यान रखने वाला काम करने से प्रेम अभिव्यक्त होता है।

तो देखा आपने इतने व्यस्त और इतने महान व्यक्ति का संतुलन। यह संतुलन हमारे समय को कई गुना अधिक बढ़ा देता है।

☑ व्यस्त रहना महत्वपूर्ण नहीं है, क्योंकि चीटियाँ भी व्यस्त रहती हैं, महत्वपूर्ण यह है कि आप किस कार्य में व्यस्त हैं?

- हेनरी डेविड

☑ यदि आप एक समय पर दो कार्य कर रहे हैं तो इसका अर्थ है कि आप दोनों ही कार्य नहीं कर रहे हैं।

- पब्लियस सायरस

☑ अपने मिनटों का ध्यान रखें, घण्टे अपना ध्यान खुद रख लेंगे।

- लॉर्ड चेस्टरफील्ड

अध्याय 3

समय का बँटवारा

मुझसे लगभग हर उम्र का विद्यार्थी और लगभग हर विद्यार्थी यह प्रश्न करता है कि मुझे कितने घण्टे सोना चाहिए, कितने घण्टे पढ़ना चाहिए। समय को लेकर उनके ये दो मुख्य प्रश्न रहते हैं, लेकिन मुझे अभी तक याद नहीं आ रहा है कि किसी विद्यार्थी ने यह प्रश्न किया हो कि उसे कितने घण्टे खेलना चाहिए। तो क्या मैं यह मानकर चलूँ कि इस प्रश्न को लेकर किसी विद्यार्थी के सामने कोई संकट ही नहीं है? वह या तो उतने ही घण्टे खेल रहा है, जितने घण्टे उसे खेलना चाहिए या फिर वह खेल ही नहीं रहा है और खेल का सारा समय पढ़ने को दे रहा है।

चलिए, यदि हम खेल की बात को फिलहाल छोड़ भी देते हैं तो समय को लेकर मैंने विद्यार्थियों की तीन मुख्य जिज्ञासाएँ पाई हैं -

☑ हम कितने घण्टे सोएँ?

☑ हमें कितने घण्टे पढ़ना चाहिए? और

☑ कुछ दिनों बाद पढ़ने से ऊब होने लगती है, तो उसका क्या करें?

मुझे लगता है कि हालाँकि ये प्रश्न तो हैं - तीन, लेकिन इनके उत्तर तीन नहीं होंगे। एक ही उत्तर में इन तीनों के उत्तर दिए जा सकते हैं। तो आइए, इसे जानें।

हममें से प्रत्येक व्यक्ति को; चाहे वह विद्यार्थी ही क्यों न हो, अपने समय को मुख्य रूप से तीन भागों में बाँट देना चाहिए। ये तीन मुख्य भाग हैं-

- ☑ अपने रोज के कामों के लिए समय,
- ☑ अपने मुख्य काम के लिए समय, तथा
- ☑ खाली समय।

अब इन्हें थोड़ा विस्तार से जानें।

1. रोज के कामों के लिए समय

हमको अपने शरीर को बनाए रखने के लिए कुछ क्रियाएँ करनी पड़ती हैं। यदि इन क्रियाओं में गड़बड़ी हुई, तो हमारे कामों में भी गड़बड़ी होने लगती है। ***जो खुद के साथ ठीकठाक रहता है, वह दूसरों के साथ भी ठीकठाक रहता है।*** इसलिए हमें अपने शरीर को अपने जीवन का आधार और वरदान मानकर उसे ठीकठाक रखना चाहिए। जो स्वस्थ नहीं रहते, या जो विकलांग हैं, आप उनसे जाकर इस शरीर के महत्त्व के बारे में पूछिए, तब आपको पता चलेगा कि यह क्या है।

इस शरीर की अपनी कुछ ज़रूरतें हैं। हमें उन ज़रूरतों पर ध्यान देना चाहिए। इसे भोजन चाहिए; पौष्टिक भोजन, ताकि यह स्वस्थ रह सके। इसे नींद चाहिए; पर्याप्त नींद, ताकि इसकी माँसपेशियों और कोशिकाओं को आराम मिल सके। इसे शारीरिक श्रम भी चाहिए, ताकि यह मजबूत बन सके। इसे गतिशीलता चाहिए, ताकि इसके सभी जोड़ जकड़नों से बच सकें।

लेकिन क्या आप इसकी इन सारी ज़रूरतों पर ध्यान देते हैं ? या तो आप बहुत ज्यादा देते हैं या बिल्कुल भी नहीं देते। ये दोनों ही गलत हैं। पढ़ाकू किस्म के विद्यार्थी बिल्कुल ध्यान नहीं देते। पढ़ने से भागने वाले विद्यार्थी केवल यही करते रहते हैं। ये लोग खूब खाएँगे। जिम जाएँगे। दिन-दिन भर खेलेंगे और जी भरकर गप्पें मारेंगे।

वस्तुतः हमें चौबीस घण्टे में से लगभग एक तिहाई अर्थात् 8-9 घण्टे इस काम के लिए देने चाहिए और पूरे मनोयोग के साथ देना चाहिए। मनोयोग के बारे में आप इससे पहले पढ़ चुके हैं। आपको समय देना चाहिए और पूरे मन के साथ देना चाहिए, उखड़े-उखड़े और आधे-अधूरे मन के साथ नहीं।

मैं जानता हूँ कि आप इन सभी के लिए समय देते हैं, बल्कि सोने के लिए तो कुछ ज़रूरत से ज्यादा ही समय दे देते हैं। आपका संकट यह नहीं है कि इन कामों के लिए आठ-नौ घण्टे दें, बल्कि आपका संकट तो यह है कि इन्हीं कामों में दस-बारह घण्टे निकल जाते हैं। इन दस-बारह घण्टों में भी जो मुख्य समस्या है, वह नींद की है। नींद की समस्या यह नहीं है कि नींद नहीं आती, बल्कि यह है कि आती है और आती ही रहती है। आइए, इस समस्या को जानने और सुलझाने की कोशिश करते हैं।

क्यों नींद आती है रात-दिन

नींद लेना बुरी बात नहीं है। यह अच्छी बात है और बहुत ज़रूरी बात भी। अनेक शोधों से सिद्ध हो चुका है कि यह शरीर के लिए जितना ज़रूरी है, उतना ही ज़रूरी है-याददाश्त के लिए भी। यदि हम दो दिन न सोयें, तो दिमाग भन्नाने लगता है। यहाँ तक कि शरीर भी साथ देने को तैयार नहीं होता।

मैं यह मानता हूँ कि जिस तरह नींद न आना एक समस्या है, ठीक उसी तरह नींद का बहुत आना भी एक समस्या है। हालाँकि इन दोनों समस्याओं के बहुत से जैविकीय और मनोवैज्ञानिक कारण हो सकते हैं, लेकिन यह पाया गया है कि सबसे बड़ा कारण मनोवैज्ञानिक ही होता है। जहाँ चिन्ता, तनाव और दबाव आदि के कारण नींद गायब हो जाती है, वहीं बहुत अधिक निश्चिन्तता, लापरवाही और उद्देश्यहीनता के कारण वह आने भी लगती है।

डॉक्टर और मनोवैज्ञानिकों का यह मानना है कि एक व्यक्ति के लिए प्रतिदिन लगभग छह घण्टे की नींद पर्याप्त है। यह एक सामान्य निष्कर्ष है। इसमें एकाध घण्टे कम हो सकता है और अधिक भी। कम होना और अधिक होना हर व्यक्ति की अपनी मानसिक तथा शारीरिक ज़रूरत पर निर्भर करता है। उदाहरण के लिए गांधीजी केवल चार घण्टे सोते थे। श्रीमती इन्दिरा गांधी तो उनसे भी कम सोती थीं। पूर्व राष्ट्रपति ए.पी.जे. अब्दुल

कलाम साढ़े तीन-चार घण्टे ही सोते हैं। कहा जाता है कि आविष्कारक एडीसन तो कब सोते थे, किसी को पता ही नहीं चलता था। ये सभी व्यक्ति कम सोते थे, इसलिए नहीं कि इन्हें नींद नहीं आती थी, बल्कि इसलिए, क्योंकि इन्हें अपना काम करने के लिए ज्यादा समय की ज़रूरत थी और वे अपना यह ज्यादा समय अपनी नींद में कटौती करके प्राप्त कर लेते थे। यहाँ ध्यान देने की बात यह है कि ये सभी मानसिक काम करते थे। ऐसा नहीं था कि दुकान के काउण्टर पर बैठकर कोई हल्का-फुल्का काम कर रहे हों और बीच-बीच में झपकी भी ले रहे हों। इन सभी के काम सजग मानसिकता वाले काम थे। यहाँ गौर करने की बात यह है कि ये लोग कभी भी किसी तरह की मानसिक बीमारी के शिकार नहीं हुए। यहाँ तक कि कोई बहुत गम्भीर शारीरिक बीमारी भी नहीं। इसीलिए तो इन सबको लम्बी उम्र मिली।

तो नींद के बारे में इससे जो सबसे महत्त्वपूर्ण निष्कर्ष निकलता है, वह यह कि नींद दो प्रकार की होती है - जैविकीय नींद (Biological Sleep) तथा मनोवैज्ञानिक नींद (Psychological Sleep) यदि आप दिनभर अपना काम कर रहे हैं; फिर चाहे वह शारीरिक श्रम हो या मानसिक, तो आप इस बात से नहीं बच सकते कि रात में आपको नींद आएगी और गहरी नींद आएगी। काम करने वालों को कभी भी न तो नींद के न आने की शिकायत होती है और न ही नींद के बहुत आने की। काम कर रहे हैं। दिन भर में थक गये हैं। जिस प्रकार ***जितनी अधिक भूख लगेगी, आपको न केवल उतने ही अधिक भोजन की ज़रूरत होगी, बल्कि वह भोजन उतना ही अधिक स्वादिष्ट भी लगेगा,*** उसी प्रकार आप जितना अधिक काम करेंगे, उतने ही अधिक थकेंगे और जितना अधिक थकेंगे, उतनी ही अधिक नींद की ज़रूरत होगी और जितनी अधिक नींद की ज़रूरत होगी, उतनी ही अधिक गहरी नींद आएगी। यहाँ मजेदार बात यह है कि जितनी अधिक गहरी नींद आएगी, उतने ही कम समय में वह पूरी भी हो जाएगी।

लेकिन ज़्यादातर लोगों के साथ इसका उलटा होता है। दिन में आराम करते हैं। खुद को थकाने से बचाते हैं। थोड़ा-बहुत सो भी लेते हैं। तो फिर अब यदि रात में नींद नहीं आ रही है, तो इसके लिए दोषी कौन है? चूँकि

पूरा मोहल्ला सो गया है, इसलिए वह भी सो जाता है। सोया रहता है। नींद भी आती रहती है, लेकिन आकर वह गहरे नहीं उतरती। वह आती है और चली जाती है। फिर आती है और फिर चली जाती है। इस प्रकार आती-जाती रहती है। आकर टिकती नहीं। इस उचटी-उचटी नींद में पूरी रात गुज़र गई, लेकिन नींद पूरी होने की बात नहीं बनी। सुबह उठ गये हैं, लेकिन शरीर और मन दोनों अलसाया-अलसाया सा लग रहा है। इसलिए फिर से सोने का मन कर रहा है। जैसे ही मौका मिला, वैसे ही सो भी गये। लेटकर सोने का मौका नहीं मिला, तो बैठे-बैठे ही झपकियाँ ले लीं और चिन्ता की बात तो यह है कि ऐसा एक दिन नहीं होता, दो दिन नहीं होता, तीन दिन भी नहीं होता। हर सप्ताह होता है। इस प्रकार पूरी ज़िन्दगी होता रहता है।

जैसा कि मैंने कहा, पहले प्रकार की नींद होती है-जैविकीय नींद। यदि आप सचमुच में नींद ले रहे हैं, तो यह छह-साढ़े छह घण्टे में अच्छी तरह पूरी हो जाती है और यदि इसके बाद भी आपको नींद आ रही है, तो इसके केवल दो कारण हो सकते हैं। पहला तो यह कि आपको गहरी नींद नहीं आती। दूसरा यह कि आप एक विचित्र किस्म के मनोवैज्ञानिक नींद की बीमारी के शिकार हो गये हैं। यह एक प्रकार का विचार है, जिसने आपको बीमार बना दिया है। सच तो यह है कि आपके शरीर को नींद की ज़रूरत नहीं है। यह ज़रूरत आपके दिमाग को है। दिमाग को इसकी ज़रूरत क्यों है, यह प्रत्येक को अपने-अपने ढंग से समझना पड़ेगा।

जहाँ तक मैं समझ सका हूँ, इसके कुछ कारण होते हैं। इसमें सबसे बड़ा कारण होता है कि जो काम हम करने जा रहे हैं, उसमें हमारी रुचि नहीं है। चूँकि हमें वह करना पड़ता है, इसलिए हम उसे कर रहे हैं। हम जैसे ही अपने दिमाग को यह संकेत दे देते हैं, वैसे ही हमारे दिमाग की गर्दन ठीक उसी तरह अलसाकर झुक जाती है, जिस तरह गर्मी के दिनों में बिना पानी दिये गये गमले में लगे फूल की गर्दन। उसमें पानी दे दीजिए, वह फिर से तन जाएगी। उसका अलसायापन गायब हो जाएगा। आप भी अपने काम में रुचि का पानी डाल दीजिए, आपके भी दिमाग की गर्दन में उत्साह भर जाएगा। अब देखिए कि आपकी नींद गायब होती है या नहीं।

यदि आप रात में ग्यारह बजे सो जाते हैं, तो आपको पाँच बजे उठ जाना चाहिए, लेकिन आप नहीं उठ पाते, क्योंकि उठकर पढ़ने का काम आपको बहुत भारी और उबाऊ लगता है, लेकिन अब आपने एक फुटबाल क्लब ज्वाइन कर लिया है। आपको फुटबॉल खेलना अच्छा लगता है। फुटबॉल खेलने के लिए आपको तैयार होकर पाँच बजे ग्राउण्ड में पहुँचना है। आप साढ़े चार बजे उठ जाते हैं। पहले आप पाँच बजे किसी के द्वारा उठाने पर भी नहीं उठ रहे थे, लेकिन अब आप बिना किसी के उठाये अपने आप ही उससे भी आधा घण्टा पहले उठ रहे हैं। क्या आपने कभी सोचा है कि ऐसा क्यों होता है? यदि सोचेंगे, तो आप बहुत आसानी से इसका उत्तर ढूँढ़ लेंगे।

मुझसे एक विद्यार्थी ने प्रश्न किया था कि मैं जब दसवीं में पढ़ता था, तब सुबह चार बजे उठ जाया करता था। मुझे दिन में नींद भी नहीं आती थी, लेकिन इसके बाद से मैं सुबह सात बजे उठता हूँ। फिर भी दिन भर नींद आती रहती है। मैंने उससे कहा कि अब तुम्हारा मन पढ़ने में नहीं लगता होगा। वह मानने को तैयार नहीं हुआ। दसवीं की तुलना में ग्यारहवीं में उसके नम्बर काफी कम आए। मेरा कहना था कि उसके नम्बर इसलिए कम नहीं आए, क्योंकि अब वह सुबह नहीं उठ पा रहा है, बल्कि इसलिए कम आये, क्योंकि अब उसका मन पढ़ने में नहीं लग रहा है। उस समय वह नहीं माना, लेकिन पन्द्रह दिन बाद उसने मुझे बताया कि अब वह विज्ञान की जगह आर्ट्स ले रहा है। उसने ऐसा क्यों किया? साफ है कि विज्ञान के विषयों में उसका मन नहीं लग रहा था। दसवीं तक चूँकि सारे विषय पढ़ने पड़ रहे थे, इसलिए वह इतना नहीं ऊब रहा था। ग्यारहवीं में यह सुविधा समाप्त हो गई थी। इसलिए नींद आने की शुरुआत हो गई थी।

आप विश्वास कीजिए कि नींद इसलिए आती है, क्योंकि उठकर आपको जो करना पड़ेगा, उसे आप करना नहीं चाह रहे हैं। इस स्थिति को बदलकर देखिए, नींद आनी बन्द हो जाएगी।

बिन स्वास्थ्य सब सून

मैं नहीं जानता कि मुझे मेरे इस प्रश्न के जवाब में आपका क्या उत्तर मिलेगा कि 'आप अपने स्वास्थ्य के लिए प्रतिदिन कितना समय देते हैं?' लेकिन मैं यह जानता हूँ कि मुझे अपने इस प्रश्न का उत्तर अवश्य मिल जाएगा कि 'आप अपनी बाइक की सेहत की देखभाल के लिए रोज़ कितना समय देते हैं?' क्या यह स्थिति दुःखद नहीं है?

हम जो कुछ भी कर पा रहे हैं, मत भूलिए कि केवल इस शरीर के (स्वास्थ्य के) कारण ही कर पा रहे हैं। एक अद्भुत उपकरण है यह हमारे पास, जो प्रकृति ने हमें वरदान के रूप में दिया है। याद रखिये कि यह शरीर आपका तो है, लेकिन आप इसके मालिक नहीं हैं। यह आपके पास प्रकृति द्वारा रखी गई एक धरोहर है। यह शरीर आपका होकर भी पूरी तरह आपका ही नहीं होता। ऐसा इसलिए, क्योंकि जब आप बीमार पड़ते हैं, तो उसका असर केवल आप पर ही नहीं, बल्कि आपके परिवार पर, आपके समाज पर और अंततः देश और दुनिया पर पड़ता है। इसलिए एक स्वस्थ शरीर किसी भी अच्छे राष्ट्र और एक अच्छे व्यक्ति की नींव होती है। मैं चाहता हूँ कि आप अपने स्वास्थ्य को इसी व्यापक नज़रिए से देखते हुए इस निहायत ही संकीर्ण वाक्य से मुक्ति पाइए कि 'आपको क्या? यह मेरा शरीर है। मैं इसके साथ जैसा करना चाहूँ, करूँ।'

अरबी की एक बहुत ही खूबसूरत कहावत है कि 'जिसके पास स्वास्थ्य है, उसके पास आशा है और जिसके पास आशा है, उसके पास सब कुछ है।' इस महत्त्वपूर्ण कहावत को दुनिया के लगभग उन सभी महापुरुषों ने अच्छी तरह समझकर अपने जीवन में उतारा है, जिनकी ज़िन्दगियों के बारे में हम जानना चाहते हैं। दक्षिण अफ्रीका के महान नेता नेल्सन मंडेला को मैंने सन् 1996 में नई दिल्ली के राष्ट्रपति भवन के गलियारों में सुबह-सुबह तेजी से घूमते हुए देखा है, क्योंकि बारिश होने के कारण वे बाहर नहीं घूम सकते थे। पैरों में तकलीफ होने के बावजूद हमारे पूर्व राष्ट्रपति डॉ. शंकरदयाल शर्मा सुबह और शाम; दोनों समय घूमना बन्द नहीं

करते थे। महात्मा गांधी ने तो घूमने को 'कसरतों की रानी' ही कहा था और वे ऐसा करते भी थे।

लम्बी उम्र सफलता की गारंटी तो नहीं होती और न ही सफलता के लिए अनिवार्य ही होती है, लेकिन एक आश्वासन अवश्य होती है।

राजनीति, लेखन और कला की दुनिया के अधिकांश सफल व्यक्तियों ने अपना इतिहास साठ वर्ष की उम्र को पार करने के बाद ही रचा है और वह भी तब; जब वे स्वस्थ रहे। यदि महात्मा गांधी को 79 वर्ष की लम्बी, सक्रिय और स्वस्थ जिन्दगी नहीं मिली होती, तो क्या वे अपनी आँखों से अपने देश को आज़ाद होता देख पाते? इस प्रकार यदि आप स्वस्थ नहीं हैं, तो आप केवल अपने वर्तमान को ही बर्बाद नहीं कर रहे हैं, बल्कि आपका भविष्य भी बर्बाद हो रहा है।

यहाँ बात कुल मिलाकर यह है कि आप स्वस्थ रहें। कम से कम बीमार पड़कर तो अपना समय और भविष्य नष्ट न करें। आप सुदृढ़ देह के स्वामी हों तथा आपकी प्रतिरोधक क्षमता अद्‌भुत हो, इसके लिए यह अनिवार्य है कि अपने रोज के समय में से कुछ समय स्वास्थ्य को दें। यह घूमना हो सकता है, कसरत करना हो सकता है, योग करना हो सकता है, या जिम जाना हो सकता है। यदि आप इस काम के लिए प्रतिदिन एक घण्टा देते हैं, तो यह एक घण्टा आपको स्वस्थ रखकर तथा आपको ऊर्जावान बनाकर उसके बदले में चार घण्टे लौटा देगा। मेरी समझ से यह निवेश काफी फायदेमंद रहेगा।

काम छोटे किन्तु प्रयास छोटे नहीं

नींद और स्वास्थ्य के लिए लगने वाले समय के अतिरिक्त हमें रोज छोटे-छोटे कुछ और भी काम करने पड़ते हैं; जैसे-नहाना, पूजा-पाठ करना, भोजन करना, बाजार जाना आदि-आदि। ये अनावश्यक नहीं हैं। ये हमारी लम्बी जिन्दगी के बहुत ज़रूरी हिस्से हुआ करते हैं। यह हमारी आदत होनी चाहिए कि हम इन सभी कामों को; चाहे ये कितने भी छोटे क्यों न लगते हों, पूरा मन

लगाकर करें। इन्हें बेकार के काम समझकर न तो टालें और न ही जल्दबाजी में करें। कहा जाता है कि जल्दी का काम शैतान का काम होता है।

अब आप भोजन करने को ही लीजिए। मैंने अक्सर विद्यार्थियों को भागते-भागते खाते हुए या खाते-खाते भागते हुए देखा है। हाँ, यदि वे रेस्टोरेन्ट में किसी के साथ बैठकर कुछ खा रहे हैं, तब ज़रूर बहुत इत्मीनान के साथ खाते हैं। यदि हम इन दोनों स्थितियों को समय के सन्दर्भ में देखें, तो साफ है कि जब विद्यार्थी घर में खाना खा रहा है, तब उसे लगता है कि बेकार में समय खराब हो रहा है। समय के इसी दबाव के कारण यदि रोटी आने में थोड़ी-सी भी देरी हो जाती है, तो वह अपनी बहन और माँ पर बुरी तरह झल्लाने से पहले बिल्कुल भी नहीं सोचता, लेकिन वह रेस्टोरेन्ट में मजे से बैठा हुआ है। क्यों ? इसलिए, क्योंकि रेस्टोरेंट में उसे मज़ा आ रहा है।

यदि आपके साथ भी ऐसा ही है, तो मैं आपको एक बहुत अच्छा और बहुत सरल उपाय बताता हूँ। वह उपाय यह है कि आप थोड़ी देर के लिए घर को ही रेस्टोरेन्ट समझ लीजिए, लेकिन माँ और बहन को बैरा नहीं।

कोई भी काम न तो छोटा होता है और न ही बड़ा। यह करने वाले के ऊपर है कि वह उस काम को करके उसे छोटा बना देता है, या बड़ा।

इसी प्रकार कोई भी काम गैरज़रूरी नहीं होता। 'गैरज़रूरी' शब्द का उपयोग कम से कम काम के साथ तो नहीं ही किया जाना चाहिए। यदि कोई काम है, तो पक्का है कि वह ज़रूरी है। हाँ, कम ज़रूरी और अधिक ज़रूरी तो हो सकता है, लेकिन गैरज़रूरी कतई नहीं।

इसलिए दैनिक जीवन के हर काम के महत्त्व को पूरे मन से स्वीकार करके उसे आनन्द के साथ करने की आदत डालें। कुछ ही समय के बाद आप पाएँगे कि अब आप इन्हीं कामों को पहले से भी कम समय में कर ले रहे हैं और काम भी पहले से बहुत अच्छा हो रहा है। जो काम करने हैं, उन्हें करना है। काम का आप कुछ नहीं कर सकते। आप जो कर सकते हैं, वह है- उस काम के लिए किए जाने वाले आपके प्रयास और यह आपको करना चाहिए।

ऐसी हो जीवनचर्या

आपने बाँध तो देखे होंगे, लेकिन बाँध के आसपास की जमीन को ध्यान से नहीं देखा होगा। उसे देखिए। आप पाएँगे कि उसके आसपास की जमीन अपेक्षाकृत गीली रहती है और यदि आप उस जमीन को खोदें, तो थोड़ी ही गहराई के बाद पानी निकल आएगा। जबकि बाँध से थोड़ी दूर की जमीन ऊपर से सख्त मिलेगी और पानी के लिए भी काफी गहरे तक खुदाई करनी पड़ेगी। तो बाँध के पास वाली जमीन में यह पानी कहाँ से आया, जबकि बाँध में कोई छेद नहीं है? छेद होने से तो बाँध ही टूट जाएगा। सोचिए। गंभीरता से सोचिए, क्योंकि इसके उत्तर में आपके इस प्रश्न का उत्तर छिपा हुआ है कि ***'पता ही नहीं चलता कि समय कहाँ चला जाता है।'*** आपके पास का समय बिना आपको बताए ठीक उसी प्रकार कहीं और चला जाता है, जिस प्रकार बाँध का पानी बाँध की जानकारी के बिना आसपास की जमीन में चला गया है। यदि बाँध यह कह रहा है कि 'मुझ में तो छेद है ही नहीं, तो पानी जाएगा कैसे', तो वह ठीक कह रहा है, लेकिन वह इस बात पर ध्यान नहीं दे रहा है कि 'छेद तो नहीं है, लेकिन छिद्र तो हैं।'

जी हाँ, बिल्कुल भी दिखाई न देने वाले इन महीन-महीन हजारों-लाखों छिद्रों से पानी रिस-रिसकर बाँध से बाहर जाता चला जा रहा है। हमारे साथ भी लगभग यही होता है। सूरज के उगने से लेकर आँखों के बन्द होने तक के सारे समय का ढेर सारा हिस्सा कैसे गुजर गया और कहाँ चला गया, जब आप उसका हिसाब लगाने बैठते हैं, तो लगा नहीं पाते, लेकिन यदि आप समय के बारे में सचेत होना चाहते हैं, तो इसका पता तो लगाना ही पड़ेगा।

इसका पता हम अलग अध्याय में लगाएँगे। फिलहाल तो आपको इतना ही बताना पर्याप्त होगा कि इस समस्या की जड़ में हमारे दैनिक जीवन की कार्यप्रणाली होती है। ***हमारी सोच, हमारे रहने का रंग-ढंग तथा काम को करने के हमारे तरीके आदि कुछ ऐसी बातें हैं, जो समय के विशाल***

बाँध में छोटे-छोटे असंख्य अदृश्य छिद्रों का निर्माण कर देते हैं। बस, इन्हीं से रिस-रिसकर हमारा समय झिरता रहता है और हमें पता ही नहीं चल पाता कि आखिर हमारा सारा समय गया तो कहाँ गया।

तो मित्र, मैं यहाँ इस बात के विस्तार में जाकर आपका अधिक समय लेना नहीं चाहूँगा, क्योंकि मुझे लगता है कि जब आप इस किताब को पूरा पढ़ लेंगे और इसके निर्देशों के अनुसार स्वयं को टटोलने की कोशिश करेंगे, तब यह बात खुद ही आपकी पकड़ में आ जाएगी। फिलहाल तो आपके लिए उन व्यावहारिक बातों को जानना ही उपयोगी होगा, जिन्हें अमल में लाकर आप अपना काफी समय बचा सकते हैं। यह बात समय के लिए ही नहीं, बल्कि आपकी पूरी जिन्दगी के लिए बड़े काम की बात होगी।

छोटेपन को छोड़िए

वे विचार, वे भाव, वे कार्य और हमारे वे व्यवहार हमें छोटा बना देते हैं, जिनमें ईर्ष्या होती है, जिनमें प्रतिशोध होता है, जिनमें घृणा होती है, जिनमें क्रोध होता है और जिनमें अपने ही स्वार्थ की भावना होती है। हम इन्हें संकीर्ण विचार कहते हैं, क्योंकि ये हमारे दिमाग के रास्ते की चौड़ाई को कम करके उसे पगडण्डी बना देते हैं और हमारे दिल के सागर को एक गन्दला पोखर। कुल मिलाकर ये हमें व्यक्ति के रूप में एक छोटा व्यक्ति, निहायत ही एक घटिया आदमी बना देते हैं, फिर चाहे हम पैसे से कितने भी बड़े हों और पद से भी। इससे कोई फ़र्क नहीं पड़ता।

इसके विपरीत जब हमारे मन में सहयोग की भावना रहती है, प्रेम की भावना रहती है, शांति और करुणा का भाव रहता है और जब हम अपने साथ ही साथ दूसरों के बारे में भी सोचते हैं, तो हमारे दिमाग की सँकरी गली एक चौड़े राजमार्ग में तब्दील हो जाती है और हमारा दिल तालाब से बढ़कर महासागर बन जाता है। अब हम बड़े बन गये हैं, भले ही धन और पद की दृष्टि से छोटे ही क्यों न हों।

मैं जानता हूँ कि आप यहाँ मुझे एक भटका हुआ आदमी मान रहे होंगे, क्योंकि आपको लग रहा होगा कि अब भला दैनिक जीवनचर्या से इस

छोटेपन और बड़ेपन का क्या लेना-देना? लेकिन विश्वास कीजिए कि यदि लेना-देना नहीं होता, तो भला आपको समय के प्रबन्धन के बारे में बताने वाला मैं फालतू की बातें बताकर आपका समय खराब क्यों करता? मैं आपको बेकार की बातों में उलझाकर आपका समय नष्ट नहीं कर रहा हूँ।

यदि आप मेरी इन बातों को लेकर अपने बारे में सोचना शुरू करेंगे, तो शायद आप मेरे प्रति बनी अपनी गलत धारणा को दुरुस्त कर सकेंगे। आपने निश्चित ही यह महसूस किया होगा कि जब आपका मन अच्छा-अच्छा सोचता है, तब वह अच्छा रहता है। इसे इस रूप में मत लीजिए कि मन जब अच्छा रहता है, तब वह अच्छा सोचता है। यह सही नहीं है। सत्य इसके ठीक उलटा है। जब मन अच्छा रहता है, तब आप ही बताइए कि क्या होता है, क्या-क्या होता है?

मैं बताता हूँ। जब मन अच्छा रहता है, तब शरीर चुस्त रहता है। काम करने में मन लगता है। हृदय में उत्साह और उल्लास की तरंगें उठने लगती हैं। सब कुछ अच्छा-अच्छा और कभी-कभी तो नया-नया भी लगने लगता है। जीने की चाह बढ़ जाती है और लगता है कि दर्पण के सामने थोड़े ज्यादा समय तक खड़े रहें। ऐसे में जब आप खेलते हैं, तो ज्यादा अच्छा खेलते हैं। जब पढ़ते हैं, तो ज्यादा याद होता है। जब गाते हैं, तो उसमें अधिक लोच आ जाती है। जब चलते हैं, तो चाल में एक ठसक और जब बैठते हैं, तो बैठने में एक अलग ही कसावट दिखाई देती है। कभी तो आपको लगता है कि 'मैं तैर रहा हूँ', तो कभी लगता है कि 'अरे, यह क्या ! मैं तो उड़ने ही लगा।'

कुल मिलाकर यह कि अब आप जो कुछ भी कर रहे हैं, वह बहुत अच्छे से हो रहा है। ध्यान दीजिए इस वाक्य पर। मैं यह नहीं कह रहा हूँ कि 'आप जो कुछ भी कर रहे हैं, उसे बहुत अच्छे से कर रहे हैं।' बल्कि मैं कह रहा हूँ कि 'अब आप जो कुछ कर रहे हैं, वह बहुत अच्छे से हो रहा है।' आप कर तो लगभग पहले ही जैसा रहे हैं, लेकिन वह हो बहुत अच्छे से रहा है और यह सब अपने-आप इसलिए हो रहा है, क्योंकि आपके करने को मन का साथ मिल गया है। इसी के कारण 'अच्छा होने' का चमत्कार अपने-आप हो रहा है, अतिरिक्त कुछ किये बिना ही। मेरी दृष्टि में ***समय-प्रबंधन***

का सही अर्थ केवल यह है कि 'जब भी करो, जो कुछ भी करो, तो ऐसे करो कि केवल वही हो।'

प्रसन्न मन गतिमान होता है। वह चलता रहता है और चलते रहना चाहता है। जबकि दुःखी मन थका हुआ रहता है। वह बैठ जाना चाहता है। चलता भी है, तो घिसट-घिसटकर। ***हमारी छोटी सोच हमारे मन को दुःखी बनाती है, जबकि बड़ी सोच मन को बड़ा। इसलिए बड़ा सोचिए, ताकि आपका मन बड़ा बन सके। इससे ज़िन्दगी बड़ी बन जाएगी।***

प्रकृति से सामंजस्य बनाएँ

प्रकृति का मतलब है - प्रकृति; अर्थात् कृति से पहले। यदि हम इस धरती के सभी प्राणियों को कृति मान लें, तो जो उससे भी पहले था, वह प्रकृति कहलायेगी। यानी कि प्रकृति का अस्तित्व हमसे पहले था। इसलिए यह मानना गलत नहीं होगा कि ईश्वर ने प्रकृति को बनाया और फिर प्रकृति ने हमें बनाया। प्रकृति ने हमें उसी तरह से बनाया, जो उसे अपने अनुकूल लगा। रेगिस्तान के लिए ऊँट बनाकर उसके पेट में पानी जमा करने की थैली रख दी। रेंडियर के शरीर पर घने बालों का कंबल डाल दिया, ताकि उसे बर्फ में ठण्ड न लगे। इसी तरह उसने सारे जीव बनाए हैं और हाँ, हमको भी।

तो यह सिद्धांत बिलकुल सीधा और सरल है कि हम जितना अधिक अपनी इस जन्म देने वाली प्रकृति के साथ अपना तालमेल बैठाकर चलेंगे, उतने ही अधिक सक्षम हो सकेंगे। चूँकि हम प्रकृति के साथ-साथ चल रहे हैं, इसलिए वह हमारा विरोध नहीं करेगी। चूँकि विरोध नहीं हो रहा है, इसलिए विरोध से लड़ने के लिए लगने वाली हमारी ऊर्जा और समय की बचत होगी।

आप देखिए कि आपने अपने जीवन में ऐसी कौन-कौन सी आदतें डाल ली हैं, जिनका मेल प्रकृति के साथ बैठ नहीं रहा है। आपकी मदद के लिए मैं यहाँ कुछ ऐसी आदतों की तरफ आपका ध्यान दिला सकता हूँ, जो

प्रकृति के विरुद्ध हैं, लेकिन चूँकि आप लम्बे समय से उन्हें करते आ रहे हैं और आप ही नहीं, बल्कि आपके साथी भी यही कर रहे हैं, इसलिए आपको लगने लगा है कि यही सही है।

मैं अब आपका ध्यान कुछ उन आदतों की ओर दिलाता हूँ, जिनका प्रकृति के साथ सामंजस्य नहीं बैठता।

सूर्य प्रकाश का नहीं, बल्कि उससे कहीं अधिक ऊर्जा का स्रोत है। सूर्य की उपस्थिति का अर्थ है - हमारे तन और मन में ऊर्जा की उपस्थिति और उसके ढल जाने का अर्थ है - ऊर्जा का धीरे-धीरे चूकते चले जाना। हम जो भी काम करते हैं, छोटा या बड़ा, सरल या कठिन, सभी में ऊर्जा की ज़रूरत पड़ती है? तो यहाँ बात साफ है कि हमें अपने अधिकांश काम सूर्य की उपस्थिति में निपटा लेने चाहिए।

☑ अब आप इस कसौटी पर अपने कामों को कसकर देखिए। मैंने देखा है कि विद्यार्थी रात के दो-दो, तीन-तीन बजे तक पढ़ते हैं और फिर दिन में नौ-नौ, दस-दस बजे तक सोते हैं। समय-प्रबंधन की दृष्टि से यह गलत है। आपको चाहिए कि आप रात में दस बजे तक सोने चले जाएँ, क्योंकि सूरज भी सोने चला गया है और लगभग छह घण्टे बाद, यानी कि सुबह चार बजे पढ़ने के लिए उठ जाएँ। उस समय; जब आप सुबह नौ बजे सोकर उठ रहे हैं, तो सो तो कुल छह घण्टे ही रहे हैं, लेकिन सोने का काम ठीक से नहीं हो पा रहा है। इसी प्रकार आप रात में देर तक पढ़ तो रहे हैं, पढ़ने का काम भी हो रहा है, लेकिन यह ठीक से नहीं हो रहा है। क्यों? इसलिए, क्योंकि ***दिन भर के काम और तनाव से थके मस्तिष्क में रात में उतनी क्षमता नहीं रह जाती कि वह सुबह-सुबह के ताजे मस्तिष्क का मुकाबला कर सके।*** सुबह के फूल की ताजगी को शाम के फूल की ताज़गी से मिलाइये, तो बात समझ में आ जाएगी। मैंने प्रयोग में यह पाया है कि यदि आप सुबह जल्दी उठकर दो घण्टे की पढ़ाई कर लेते हैं, तो वह देर रात में की गई तीन-साढ़े तीन घण्टे की पढ़ाई के बराबर होती है।

रात में सूर्य गायब है यानी कि ऊर्जा अनुपस्थित है। आप भी ऊर्जारहित काम कीजिए। सो जाइये, क्योंकि उसमें ऊर्जा नहीं लगती। सुबह ऊर्जावान होकर उठिए, क्योंकि क्षितिज पर फैला आलोक सूर्य के आगमन की घोषणा कर रहा है। अब काम में लग जाइए।

☑ आप गर्मी में कोका-कोला, पेप्सी आदि पीते हैं, बात समझ में आ जाती है, लेकिन ठण्ड के दिनों में आइसक्रीम खाते हैं, यह समझ में नहीं आती। बात तो बिल्कुल सीधी-सी है कि यदि गर्मी में ठण्ड चाहिए, तो ठण्ड में गर्मी, लेकिन आप ले रहे हैं - ठण्ड में ठण्ड । हुई न यह उलटी बात। यह प्रकृति के खिलाफ है। आपका गला और पेट खराब हो सकता है। हो ही जाता है और इससे खराब हो जाता है- आपका समय।

☑ ठण्ड में चुस्त कपड़े पहनिए, ठीक है, क्योंकि ठण्डी हवा कपड़ों के अन्दर घुसकर परेशान नहीं करेगी, लेकिन गर्मी के दिनों में तो ऐसा मत कीजिए, क्योंकि शरीर को अपने तापमान का सन्तुलन बनाये रखने के लिए हवा की ज़रूरत है, लेकिन ढीले-ढाले कपड़े पहनने को आप गँवारूपन मानते हैं। अब क्या किया जाये ?

☑ रात हो गई है। भागमदौड़ से या पढ़ाई से थककर आप सो जाते हैं, वही तंग तथा दिनभर के गन्दे कपड़े पहने हुए। मैंने तो यहाँ तक पाया है कि कुछ लोग तो जूते तक पहने हुए सो जाते हैं, खासकर ठण्ड के दिनों में। क्या ऐसे सोने को निश्चिन्त होकर सोना कह सकते हैं ? और यदि नहीं, तो फिर मेरे अनुसार आप सो तो ज़रूर रहे हैं, लेकिन सोने का काम अच्छे से हो नहीं रहा है।

देखिए, धारा के विरुद्ध तैरना बहादुरी की बात तो हो सकती है, लेकिन समझदारी की नहीं और जिन्दगी में बहादुरी की ज़रूरत कभी-कभी पड़ती है, जबकि समझदारी की हर समय। इसलिए प्रकृति के साथ मिलकर जीने में ही समझदारी है।

हटाइए बैसाखियों को

हॉस्टल में रहने वाले लड़कों के साथ एक बहुत अच्छी बात यह हो जाती है कि वे स्वावलम्बी हो जाते हैं। इन्हें अपना काम खुद करने की आदत पड़ जाती है। घर में रहकर पढ़ने वाले लड़कों की तरह वे हर काम के लिए अपनी मम्मी को आवाज नहीं लगाते और समय- प्रबंधन के लिहाज से यह बहुत ही अच्छी बात है।

जब हम अपने जीवन के छोटे-बड़े काम के लिए किसी भी दूसरे पर निर्भर हो जाते हैं, तो हमारा समय भी उन्हीं दूसरों पर निर्भर हो जाता है। नहाने में देर हो रही है, क्योंकि मम्मी ने पानी गर्म होने के लिए नहीं रखा। आज पढ़ नहीं पाए, क्योंकि बड़े भैया किताब खरीदकर नहीं लाये। कक्षा में देर हो गई, क्योंकि धोबी कपड़े प्रेस करके नहीं लाया था। ऐसी न जाने कितनी बातें हैं और रोज़ कोई न कोई ऐसी बात हो ही जाती है, जिसकी आड़ लेकर आप अपने काम के न होने का तर्क पेश कर देते हैं, लेकिन क्या तर्क पेश कर देने से काम हो जाते हैं? और यदि काम नहीं होते, तो आखिर नुकसान किसका होता है? आपका ही न।

एकला चलो रे। अकेले चलने की हिम्मत कीजिए। हिम्मत करके कर दीजिए बैसाखियों को किनारे और खड़े हो जाइये अपने पैरों पर। एक बार करके तो देखिए। पाएँगे कि 'मैं तो नाहक ही डर रहा था। खूब ताकत है मेरे पैरों में।' अपने कामों को खुद करने में उतना अधिक समय नहीं लगता जितना कि आप गलती से सोचे बैठे हैं। एक बार कीजिए, बार-बार करने लगेंगे, जरूरत बस शुरुआत करने भर की है।

5. सादगी में भी भव्यता होती है

'सादा जीवन, उच्च विचार' वाली बात किसी ने यूँ ही नहीं कह दी है कि आप उसे एक कान से सुनें और दूसरे से निकाल दें। इन दोनों का बहुत गहरा सम्बन्ध समय के प्रबन्धन से है। इनमें से दूसरे के बारे में मैं पहले बता चुका हूँ और पहले के बारे में अब बताने जा रहा हूँ।

सादगी का अर्थ है - सीधा सादा, प्राकृतिक, या कि जो चीज जैसी होनी चाहिए, वैसी ही। इसका उलटा शब्द है- कृत्रिम, बनावटी यानी कि जो चीज जैसी होनी चाहिए, वह वैसी न होकर कुछ और बना दी गई है। यहाँ मैं आपको एक बहुत ही महत्त्व की बात बताने जा रहा हूँ कि हममें से अधिक लोग सादगी को पसन्द तो करते हैं। उसकी प्रशंसा भी करते हैं, लेकिन उसे खुद नहीं अपनाते। जबकि सादगी को अपनाना आसान है। इसके विपरीत कृत्रिमता को अपनाकर उसे निभाना बहुत ही तनाव-भरा होता है।

यदि मैं अपने गले की आवाज के अनुसार गाऊँ तो यह सहज है, लेकिन यदि मैं सोनू निगम की तरह गाऊँ, तो बहुत मुश्किल है। यदि मैं चपटी चप्पल पहनकर चलूँ, तो यह आसान है, लेकिन यदि ऊँची एड़ी वाली पहनकर चलूँ, तो थोड़ा मुश्किल है, लेकिन ज़्यादातर लड़कियाँ 'हाई हील' वाली चप्पल ही तो पहनती हैं, बावजूद इसके कि वह असुविधाजनक है और उनकी चाल की रफ्तार को धीमा भी कर देती है।

हिसाब लगाइए कि बनावटी से भरा हमारा जीवन हमारा कितना सारा समय खा जाता है और इससे हासिल क्या होता है, सिवाय उपहास के? खासकर एक ऐसे दौर में; जबकि आप अपने कैरियर को बनाने में लगे हुए हैं, उन सारी कृत्रिमताओं को तिलांजलि दे देनी चाहिए, जो आपके समय को नष्ट करते हैं। आइंस्टीन जैसे महान लोगों ने तो इससे हमेशा-हमेशा के लिए अपना पिण्ड छुड़ा लिया था। बाल बढ़ रहे हैं, तो बढ़ते रहें। अच्छा है कि कटवाने का चक्कर खत्म। यदि बेल्ट नहीं मिली, तो कोई गम नहीं। टाई से काम चल जाएगा। मोजे हैं, तो ठीक है, अलग-अलग रंगों के हैं, तो भी ठीक है और यदि नहीं हैं, तब तो सबसे अधिक ठीक है, क्योंकि पहनने और निकालने की जहमत नहीं उठानी पड़ेगी। ऐसी सादगी से भरे हुए थे आइंस्टीन। तो क्या वे आपको भव्य नहीं लगते? मुझे तो लगते हैं। अपनी बात आप जानें।

आपका जीवन जितना सरल होगा, जितना सादा होगा, आपके पास उतना ही अधिक समय होगा।

व्यस्त रहिए, अस्त-व्यस्त नहीं

व्यस्त रहना अच्छी बात है। एक अच्छी बात यह भी है कि अधिकांश लोग व्यस्त ही रहते हैं, लेकिन बुरी खबर यह है कि इन व्यस्त लोगों में ज्यादातर व्यस्त नहीं, बल्कि अस्त-व्यस्त पाये गये हैं। ये लोग व्यस्त हैं, क्योंकि अस्त-व्यस्त हैं या इसे यूँ कह लीजिए कि क्योंकि ये लोग अस्त-व्यस्त हैं, इसलिए व्यस्त हो गये हैं। सच्चाई इनमें से चाहे जो भी हो, स्थिति अच्छी नहीं कही जा सकती।

आपका अपने बारे में ख्याल क्या है, यह आप जानें और आपको इस बात को जानना ही चाहिए। कोई चीज आती है, उसे आप तात्कालिक सुविधा के अनुसार कहीं रख देते हैं। जब उसकी ज़रूरत पड़ती है, तो उसे ढूँढ़ने में आप ही नहीं, बल्कि पूरा घर लग जाता है। चीज आपने कहीं रख दी है और आप नाराज घर वालों पर हो रहे हैं। ऐसा लगभग हर घर की कहानी है।

चीज़ों को रखने के लिए स्थान निश्चित न करना एक ऐसी बुरी बीमारी है, जिसके आमतौर पर अधिकांश लोग शिकार हुए देखे गये हैं। आपकी कॉपी कहीं है, तो पेन कहीं। एक मोजा जूते के भीतर है, तो दूसरा टेबल के अन्दर। लायब्रेरी का कार्ड तो मिल ही नहीं रहा है, क्योंकि बीच में उसकी ज़रूरत ही नहीं पड़ी थी। बैंक का एकाउण्ट खोलने के दो महीने बाद ही पासबुक की डुप्लीकेट कॉपी बनवानी पड़ी थी। याद नहीं आ रहा है कि आपने भूगोल के नोट्स किसको दिये थे। साथ ही आपको यह भी कहाँ याद आ रहा है कि पीयूष के इतिहास की किताब लौटानी है। पीयूष को भी याद नहीं आ रहा है कि उसने इतिहास की किताब किसको दे दी और वह पूरे जोश-ओ-खरोश के साथ इस इतिहास की खोज में लगा हुआ है।

अव्यवस्था का यह महीन मकड़जाल हम स्वयं बुनते हैं और फिर उसी

में फँसकर लटके रहते हैं और मजेदार बात यह भी है कि हमें पता भी नहीं चलता कि हम किसी मकड़जाल में उलझ गये हैं, लेकिन अब आपको पता चल गया है। स्वयं को व्यवस्थित कीजिए, साथ ही अपनी चीजों को भी।

- ☑ किताब-कापियों के लिए स्थान निर्धारित कीजिए।
- ☑ अपने ज़रूरी कागजातों के लिए एक फाइल बनाइए।
- ☑ महत्वपूर्ण बातों को एक डायरी में लिखने की आदत डालिए।
- ☑ जो चीज़ जहाँ रहती है, उसे तुरंत वहीं रखिए। टालिए नहीं।
- ☑ महीने-दो महीने में अपने सामान और कागज-पत्तरों की छँटाई करके कबाड़ से मुक्ति पाइए।

अब देखिए कि व्यवस्थित होने के बाद किस प्रकार से समय का खजाना आपके हाथों लग गया है और मानसिक शांति भी।

काम कीजिए, लेकिन तरीके से

हम सभी न जाने कितने तरह के काम कर रहे होते हैं। हम ऐसा इसलिए कर लेते हैं, क्योंकि हम इन्हें होता हुआ देखते आए हैं। कई बार जैसा हमने देखा था, वैसा ही हम भी करने लगते हैं। यहाँ हमसे चूक यह हो जाती है कि हमारे दिमाग में कभी यह बात आती ही नहीं कि क्या इस काम को करने का कोई दूसरा या इससे अच्छा, आसान और सस्ता तरीका भी हो सकता है?

आप भोजन करते हैं। क्या आप जानते हैं कि भोजन कैसे किया जाना चाहिए तथा पके हुए अनाज को किसी भी तरह मुँह के रास्ते पेट तक पहुँचा देना भोजन करना नहीं होता? नहाने, बर्तन माँजने और यहाँ तक कि झाड़ू लगाने तक का एक वैज्ञानिक तरीका होता है। जब आप इस तरीके को जान लेते हैं, तो बहुत कुछ बदल जाता है। वही काम कम मेहनत, कम पैसे और कम समय में होने लगता है। साथ ही पहले की तुलना में बेहतर भी होने लगता है।

आप विद्यार्थी हैं। पढ़ना आपका मुख्य काम है। आप पढ़ भी रहे हैं, लेकिन क्या आप उस तरीके से पढ़ रहे हैं, जिस तरीके से पढ़ा जाना चाहिए,

ताकि आपके समय का सही इस्तेमाल हो सके? यदि ऐसा नहीं है, तो मेरा सुझाव है कि आप इसके लिए मेरी पुस्तक ***'पढ़ो, तो ऐसे पढ़ो'*** कम से कम एक बार तो ज़रूर पढ़ें। आप पाएँगे कि आपके पढ़ने का ढंग कितना बदल गया है।

खरगोश न चले कछुए की चाल

आपने खरगोश और कछुए की कहानी तब पढ़ी होगी, जब आप मिडिल स्कूल में थे। उस कहानी में कछुआ जीत जाता है और स्वाभाविक है कि खरगोश हार जाता है। ध्यान दीजिए कि इस कहानी में कछुआ इसलिए नहीं जीतता, क्योंकि उसकी चाल तेज़ थी। बल्कि वह इसलिए जीतता है, क्योंकि उसने अपनी चाल को बनाए रखा, फिर चाहे कितनी भी धीमी क्यों न हो। जबकि खरगोश यह सोचकर निश्चिन्त होकर सो गया कि 'उसे तो पहुँच ही जाना है।' इसका मतलब यह हुआ कि खरगोश होना ही ज़रूरी नहीं है, बल्कि हमें अपनी गति को बनाए रखना भी है। नहीं तो कछुए से भी मात खानी पड़ सकती है।

'स्पीड' के लिए आप हमेशा दो बातों पर ध्यान दें। पहला तो यह कि किसी भी काम को करने की आपकी जो स्पीड है, उसे यदि आप बढ़ा नहीं सकते, तो कम तो बिल्कुल भी न होने दें। दूसरी बात यह कि हमेशा वे नए-नए तरीके सोचें, जिनसे आपकी स्पीड बढ़ सकती हो। तरीके मौजूद रहते हैं, लेकिन सोच न पाने के कारण उन्हें हम अपना नहीं पाते। यदि माइक है, तो चिल्लाकर बोलने से क्या फायदा। यदि साइकिल है, तो आप क्यों बेवजह पैदल जाना चाहते हैं, बशर्ते कि ऐसा करना ज़रूरी ही हो। विज्ञान ने हमारी गति को कई गुना बढ़ा दिया है। अब आपको लायब्रेरी जाने की ज़रूरत नहीं। इन्टरनेट पर आपके लिए पूरी लायब्रेरी मौजूद है। तो क्या आपको नहीं चाहिए कि आप कम्प्यूटर का इस्तेमाल करना जानें, भले ही ऐसा करना आपकी पसन्द हो या न हो। इसे जान लेने के बाद आपके काम करने की गति कई गुना बढ़ जाएगी और यह गति ही तो है कि जिस दूरी को आप

पैदल चलकर पाँच घण्टे में पूरा करते हैं, उसी दूरी को बाइक से पन्द्रह मिनट में पूरा कर लेते हैं। तो गणित के अनुसार यहाँ आपके सवा-चार घण्टे बच जाते हैं।

मैं यहाँ आपको गति से सम्बन्धित दो बहुत ही महत्त्व की और मजेदार बातें बताने जा रहा हूँ। इससे आप समझ सकेंगे कि गति कितनी महत्त्वपूर्ण होती है।

पहला है- प्रवाह का सिद्धान्त। इसे आप इस रूप में समझिए। मान लीजिए कि एक नदी में एक लाख लीटर पानी है। यह नदी दस किलोमीटर प्रति घण्टे की रफ्तार से बह रही है। इस स्थिति में इस नदी का पानी अपने साथ एक हज़ार किलोग्राम के वजन को बहाकर ले जा सकता है।

प्रवाह के सिद्धान्त के अनुसार नदी में पानी की मात्रा को जितना बढ़ाया जाएगा, उसमें भार के वहन करने की क्षमता उसी अनुपात में बढ़ जाएगी। यदि इस नदी में पानी की मात्रा को बढ़ाकर दोगुना अर्थात् दो लाख लीटर कर दिया जाए और उसकी गति पहले जितनी ही हो, तो उस नदी में एक हजार किलोग्राम के स्थान पर दो हजार किलोग्राम वजन को बहाकर ले जाने की क्षमता आ जाएगी।

लेकिन यदि पानी को उतना ही रहने दिया जाए और उसकी गति को बढ़ाकर दोगुना अर्थात् दस किलोमीटर प्रति घण्टे से बढ़ाकर बीस किलोमीटर प्रति घण्टे कर दिया जाए, तो क्या आप जानते हैं कि उसकी भारवाहक क्षमता कितने गुना बढ़ जाएगी- दोगुना, पाँच गुना, बीस गुना, पचास गुना। आप अभी भी सही उत्तर तक नहीं पहुँचे हैं। नदी की गति को दोगुना कर देने से उसकी क्षमता 50 गुना नहीं बल्कि 64 गुना बढ़ जाती है।

प्रवाह का यह सिद्धान्त हमें बताता है कि हम अपनी गति को बढ़ाकर अपनी क्षमताओं में कई गुना अधिक वृद्धि कर सकते हैं। इसलिए मैं अक्सर विद्यार्थियों के इस प्रश्न का सही-सही उत्तर न देकर उन्हें निराश कर देता हूँ कि उन्हें कितने घण्टे पढ़ना चाहिए। सवाल पानी की मात्रा को बढ़ाने का नहीं, बल्कि सवाल उस तरीके को अपनाने का है, जिससे आपकी गति इस तरह बढ़ सके कि कम समय में अधिक हासिल हो जाए।

अब दूसरी बात। याद रखिए कि गणित के फार्मूले जीवन में ज्यों के त्यों लागू नहीं होते। यदि मैं आपको यह सवाल हल करने को दूँ कि 'यदि राम एक दिन में चार घण्टे काम करके पाँच रुपए कमाता है और मोहन प्रतिदिन आठ घण्टे काम करके दस रुपए कमाता है, तो बीस वर्षों के बाद राम और मोहन के पास कितना-कितना धन होगा?'

इसका सामान्य-सा उत्तर तो यही होगा कि मोहन के पास राम की तुलना में दोगुना धन होगा। गणित के लिहाज से आपका यह उत्तर बिल्कुल सही है। आपको दस में से दस नम्बर मिलेंगे, लेकिन जिन्दगी की उत्तर-पुस्तिका में यह उत्तर गलत बैठेगा। ऐसा इसलिए, क्योंकि मोहन यदि दोगुना कमाता है, तो स्वाभाविक है कि वह इसमें से कुछ बचाएगा और वह जो कुछ बचाएगा, उसका उपयोग करके वह उससे भी धन कमाने लगेगा। यानी कि वह बचत से कमाई करेगा, जबकि राम जितना भी कमाएगा, उन सबको खर्च कर देगा। तो दस साल के बाद जहाँ राम के पास कुछ नहीं बचेगा, वहीं मोहन के पास बहुत अधिक बचत हो जाएगी। मोहन ने जो यह बचत की है, वह अतिरिक्त समय लगाकर की है। यदि कोई अतिरिक्त समय नहीं लगा सकता, तो अपनी गति को तो बढ़ा ही सकता है।

आप अपने दैनिक जीवन की एक-एक गतिविधि की गति का मूल्यांकन करें और देखें कि किस काम में ज्यादा समय लग रहा है। मैं यहाँ जल्दबाजी करने के लिए नहीं कह रहा हूँ। बल्कि इस बात के लिए कह रहा हूँ कि ***जिस काम में जितना समय लगना चाहिए, उसको करने में उससे अधिक समय लगाना एक प्रकार से समय की हत्या करना है। आप देखिए कि*** -

☑ एक स्थान से दूसरे स्थान तक जब आप जाते हैं, तब आपके चलने की रफ्तार कितनी रहती है। वह निश्चित रूप से कम ही होगी। गांधीजी 78 वर्ष की उम्र में इतनी तेज़ी से चलते थे कि उनके साथ वालों को उनके साथ चलने के लिए दौड़ना पड़ता था।

☑ नहाने में आपको कितना समय लगता है? नहाने का उद्देश्य है-

शरीर की सफाई करना। कहीं ऐसा तो नहीं कि आप नहाने का उत्सव मनाने लगे हैं, जैसा कि मेरे साथ होता था, लेकिन अब मैंने इसे सुधार लिया है।

☑ क्या आप मेरी इस बात पर विश्वास करेंगे कि मेरे एक परिचित युवा को खाने के लिए न्यूनतम 50 मिनट और अधिकतम सवा घण्टे की ज़रूरत होती है, लेकिन आपको विश्वास करना चाहिए, क्योंकि मैं भला झूठ क्यों बोलूँगा? खाने के लिए इतना समय खपाना एक तरह से समय के प्रति किया गया अपराध ही है।

☑ देखिए कि सजने-सँवरने में आपको कितना समय लगता है और सचमुच उसके लिए कितना समय लगना चाहिए। मैं यह मानकर चलता हूँ कि जिस उम्र में आप हैं, वह उम्र इस मामले में आपका कुछ ज्यादा ही समय ले लेती है। यह आपका भ्रम है कि धीरे-धीरे सजने-सँवरने से यह काम अच्छे से होता है। कुछ तेज़ी लाइए। सजने-सँवरने में कोई फर्क नहीं पड़ेगा।

मैंने इन सभी गतिविधियों पर बहुत सूक्ष्मता से गौर करने के बाद यह पाया है कि काम की गति में तेजी लाना सफलता के लिए बेहद ज़रूरी है। इस तरह के छोटे-छोटे कामों के जरिए प्रतिदिन लगभग एक से डेढ़ घण्टे बच सकते हैं। आप इतना गणित तो लगा ही सकते हैं कि यदि एक दिन में डेढ़ घण्टे की बचत हो रही है, तो 50 वर्षों में कितने दिनों की बचत हो जाएगी?

याद रखिए कि ***गति ही जीवन है। जिसकी गति तेज़ होगी, वह आपको हमेशा अपने से आगे जाता हुआ दिखाई देगा।*** हड़बड़ी मत कीजिए। यह अनावश्यक है। ***जल्दबाज़ी मत कीजिए, क्योंकि जल्दी करने से देरी होती है,*** लेकिन यदि रास्ता चौड़ा है, सड़क खाली है, तो मोटर साइकिल को 25 किलोमीटर की रफ्तार से चलाने का भी कोई तुक नहीं है। यदि आप खरगोश हैं, तो कछुए की चाल आपको कहीं नहीं पहुँचा सकती, क्योंकि कछुए और खरगोश की दौड़ कहानियों में ही होती है, जीवन में नहीं। जीवन में तो खरगोश को खरगोश के साथ ही दौड़ना पड़ता है।

दुर्गुणों से दूर ही रहें

जीवन के जितने भी काल हैं, उनमें युवाकाल सबसे अधिक चेतावनी से भरा, सबसे अधिक विरोधों से भरा, सबसे अधिक जोखिम से भरा, लेकिन सबसे अधिक सम्भावनाओं से भी लबालब काल होता है। इस समय आपके पास ऊर्जा है। मन उल्लास से कुलाचें भर रहा है। दिमाग कल्पनाओं के आकाश में लहरा रहा है। हृदय में प्रेम की उमंगें अंगड़ाइयाँ ले रही हैं। पैरों में गति हैं, तो भुजाओं में तड़पन। आपको लगता है कि आप कुछ भी कर सकते हैं, लेकिन दूसरी तरफ अचानक यह भी लगता है कि कुछ भी नहीं कर सकते। चूँकि आप क्षमतावान हैं, इसलिए हर कोई आपको अपनी ओर खींचने के लिए लालायित है। खींचने वाले ये लोग हैं – ग्लैमर की दुनिया, बेमतलब के फितूर, बाज़ार, तथाकथित प्रेम और अनेक तरह के व्यसन। मन ललचाता है इन्हें अपने सामने देखकर। लगता है कि हाथ बढ़ाकर इन्हें पकड़ लिया जाए, लेकिन यदि आपने एक बार ऐसा किया, तो फिर वे आपको इस तरह पकड़ेंगे कि इनसे पिंड छुड़ाना मुश्किल हो जाएगा। इसीलिए मैंने कहा कि यह काल सबसे जोखिम भरा काल है।

जोखिम के इस पुल को जो जितनी सावधानी से पार कर लेता है, उसके लिए आने वाला समय उतना ही अधिक खुशनुमा हो जाता है। जिनके कदम डगमगाए, वे या तो वहीं डगमगाते रह जाते हैं या डगमगाकर गहरी खाई में गिर जाते हैं। पुल को पार नहीं कर पाते और फिर पूरी जिन्दगी उसी पुल को अपना घर समझने के लिए मजबूर हो जाते हैं।

प्रिय मित्रों, यह सब कुछ कहानियों में पढ़ाई गई उस खूबसूरत और सम्मोहक रेशम से कोमल सफेद बालों वाली हल्के गुलाबी रंग की बुढ़िया की तरह है, जो धीरे-धीरे उंगलियों से इशारा करके बच्चों को अपने पास बुलाती है और जब बच्चे उसके पास पहुँच जाते हैं, तो वह उन्हें जीवन भर के लिए अपना बंधक बना लेती है। यदि आपको सचमुच अपने समय का उपयोग अपने जीवन में कुछ करना है, तो दुर्गुणों के सभी बाह्य आकर्षणों से अपने-आपको बचाना ही होगा। मैंने ऐसे तो सैकड़ों प्रतिभाएँ देखी हैं, जो

इसके चंगुलों में फँसकर हमेशा-हमेशा के लिए खत्म हो गईं, लेकिन दुर्भाग्य से मुझे ऐसी एक भी प्रतिभा को देखने का सौभाग्य नहीं मिला, जो इन चंगुलों में फँसकर कुछ कर पाई हो।

इस बात को उद्योगपति श्री जी.डी. बिड़ला जी जानते थे। उन्होंने एम.आई.टी., अमेरिका में पढ़ रहे अपने पोते आदित्य बिड़ला को जो शिक्षा दी थी, उसे हमें यहाँ जानना चाहिए। उन्होंने हिदायतें दी थीं कि 'शाकाहारी भोजन करो, शराब और नशे से दूर रहो, जवानी में विवाह करो, कमरे से बाहर जाते समय बत्तियाँ बंद करो, प्रतिदिन घूमने के लिए जाओ, परिवार के संपर्क में रहो और सबसे बड़ी बात फ़िज़ूलख़र्ची मत करो।'

मैं समझता हूँ कि ये सीख किसी व्यापारी के लिए ही नहीं, बल्कि प्रत्येक व्यक्ति के लिए एक सुंदर एवं अत्यंत व्यावहारिक आचार-संहिता है।

यह तो सर्वोत्तम स्थिति ही होगी कि यदि हम जीवन भर अपने आपको दुर्गुणों से बचाकर रख सकें। लेकिन खासकर उस दौर में तो हमें स्वयं को इनसे बचाकर रखना ही चाहिए, जब हम किसी बड़े उद्देश्य में लगे हुए हैं, अपने कैरियर के महत्वपूर्ण दौर से गुज़र रहे हैं। लेकिन यह सचमुच में बहुत आश्चर्यजनक और बहुत ही विवादपूर्ण स्थिति है कि इसी दौर से गुज़रते हुए अधिकांश लोग इन दुर्गुणों की अंधियारी गलियों में भटक रहे हैं, गुम हो रहे हैं।

हमें स्वयं को ढूँढ़ना होगा। अंधेरे में खोने से बचाना होगा। अपने अंदर एक नया दीपक जलाना होगा। तभी हमारा भविष्य प्रकाशवान हो सकेगा। मैं डिज़रायली के इस ख़ूबसूरत कथन के प्रति अपना पूर्ण समर्थन व्यक्त करता हूँ कि 'जिंदगी इतनी छोटी है कि इसे घटिया नहीं होना चाहिए।'

नशा, शराबखोरी, गुण्डागर्दी, अफरा-तफरी तथा गुटबाजी जैसी बातों को मैं इसी के अन्तर्गत लेता हूँ। आपके दैनिक जीवन के न जाने कितने मूल्यवान घण्टों को ये अपने शिकंजे में लेकर आपको उससे मरहूम कर

देते हैं। आखिर जब आप इन दुर्गुणों के साथ रहते हैं, तो पक्का मान लीजिए कि न तो आप अपने साथ रहते हैं और न ही अपने समय के साथ। प्रकृति के इस नियम को गाँठ बाँध लीजिए कि ***अच्छे गुणों के साथ जिन्दगी भर रहा जा सकता है, लेकिन दुर्गुणों का साथ जिन्दगी भर नहीं निभाया जा सकता। ये दुर्गुण हमारी ज़िन्दगी को पूरी होने से पहले ही पूरा कर देते हैं।*** ये ज़िन्दगी की लम्बाई को न केवल लगभग एक-चौथाई घटा ही देते हैं, बल्कि जो जिन्दगी रहती है, उसे भी अर्थहीन बना देते हैं-आत्मविश्वास, आत्मसम्मान और ऊर्जा से रहित एक खोखली जिन्दगी। आप खुद सोचिए कि क्या प्रकृति ने, क्या ईश्वर ने आपको इसी के लिए गढ़ा था?

इनसे सतर्क रहिए। बिलकुल सतर्क रहिए। आपको इसलिए सतर्क रहना है, क्योंकि इन दुर्गुणों की हजारों-हजारों आँखें आपको घूर रही हैं- सम्मोहित करने के लिए। यदि आप सतर्क नहीं रहेंगे, तो आपके रोज का जीवन एक हताशा का जीवन बनकर रह जाएगा और फिर बात बिलकुल साफ है कि आपके लिए समय के प्रबन्धन का भी कोई मतलब नहीं होगा। यहाँ मैं आपके सामने जापान के महान फिल्म निर्देशक अकीरा कुरोसावा के उन खूबसूरत शब्दों को रखना चाहूँगा, जो उन्होंने अपने शिष्यों से कहे थे। उन्होंने अपने शिष्यों को सतर्क करते हुए कहा था "उल्लास मनाओ, खूब उल्लास मनाओ, लेकिन एक बात हमेशा याद रखो कि जब कोई बात अपनी सीमा से बाहर चली जाती है, तो वह अश्लील बन जाती है।"

मैंने इस अध्याय में इन मुख्य दो बातों की ओर आपका ध्यान दिलाने की एक विनम्र कोशिश की है -

- ☑ दैनिक कार्यों में लगने वाले समय को अनावश्यक न मानें, तथा
- ☑ दैनिक कार्यों को उतना ही समय दें, जितने की ज़रूरत है।

मेरा विश्वास है कि इन उपायों को उपयोग में लाकर आप न केवल अपना समय ही बचाएँगे, बल्कि अपने दैनिक जीवन को एक व्यवस्था भी दे सकेंगे। आपका हर रोज़ नया हो, इसकी मैं कामना करता हूँ।

मुख्य काम के लिए समय

हमारे जन्म से लेकर हमारी मृत्यु तक के अलग-अलग चरणों में हमारे जीवन के उद्देश्य अलग-अलग होते हैं। जन्म लेते ही हमारा मुख्य उद्देश्य होता है - ज्यादा से ज्यादा सोना; क्योंकि शरीर को बढ़ाने के लिए इसकी ज़रूरत होती है। जब थोड़े से बड़े हो जाते हैं, तो मुख्य उद्देश्य हो जाता है - खेलना, ज्यादा से ज्यादा खेलना। थोड़े से और बड़े होने पर हमें खेलने और स्कूल जाने के बीच तालमेल बैठाना पड़ता है। हाईस्कूल तक पहुँचते-पहुँचते खेलना कम हो जाता है, पढ़ना अधिक और यही क्रम लगभग कॉलेज तक चलता रहता है। यहाँ तक देखा गया है कि कुछ विद्यार्थी स्वयं को खेलने से बिल्कुल अलग ही कर लेते हैं, जिसे सही नहीं कहा जा सकता। जब हम पढ़-लिखकर कुछ बन जाते हैं, तो फिर अपने उस काम को करना हमारा मुख्य उद्देश्य बन जाता है। इस तरह स्वाभाविक है कि समय के हिसाब से हमारे उद्देश्य भी बदलते रहते हैं।

अभी आप विद्यार्थी हैं। इसलिए मैं यह मानकर चल रहा हूँ कि आपका मुख्य उद्देश्य है- पढ़ना; अधिक से अधिक पढ़ना, इस तरह पढ़ना कि अधिक से अधिक नम्बर आएँ। ऐसे में स्वाभाविक है कि आपका अधिक से अधिक समय इसी काम में लगना चाहिए। आइए, अब हम देखें कि इस काम में कितना समय लगाना चाहिए।

जब आप चार साल के थे, तब आप लगभग 12 घण्टे सोते थे। बाकी समय खेलते थे। मामला 50-50 का था। जब आप स्कूल जाने लगे, तब सोने के घण्टे 10 हुए। स्कूल में 4 घण्टे लगने लगे। इस प्रकार खेलने के घण्टे बचे - 10। यानी कि खेलने और सोने में दो-दो घण्टे की कटौती हो गई। जब आप थोड़े और बड़े हुए और पढ़ाई का बोझ थोड़ा बढ़ा, तो सोने के घण्टे हो गये-नौ, स्कूल में लगने लगे 5 से 6 घण्टे, लेकिन अब केवल स्कूल की पढ़ाई से काम नहीं चलता था। घर में भी आकर दो-एक घण्टे होमवर्क में लगाने पड़ते थे। तो यहाँ भी जो सबसे अधिक कटौती हुई, वह हुई खेलने के घण्टों में। अब आप हाईस्कूल में आ गए। अब एक ओर जहाँ

बोर्ड की परीक्षा का हौवा है, वहीं अधिक से अधिक नम्बर लाने का भी दबाव है, ताकि अच्छे कॉलेज में दाखिला मिल सके। दिमाग पर दबाव है, इसलिए नींद के घण्टों में और कटौती हो गई। अब आप आठ घण्टे सोने लगे। स्कूल में पहले से ज्यादा समय दे रहे हैं। खेलना भी यदि है, तो वह भी स्कूल में ही निपटा लेते हैं। स्कूल से घर आने के बाद होमवर्क में लग जाते हैं और यदि इसमें मन नहीं लगता, तो टी.वी. देखकर लगा लेते हैं। आपने बाहर निकलकर खेलना बन्द कर दिया है। इसे आप समय की बरबादी मानने लगे हैं। आपके माता-पिता भी यही चाहते हैं कि आप खेलने न जाएँ, जबकि आपका मन करता है कि आप खेलने जाएँ। यहाँ तक आते-आते आप पढ़ने के लिए लगभग 6 से 7 घण्टे स्कूल में देते हैं और लगभग 2 से 4 घण्टे घर में। इस प्रकार प्रतिदिन लगभग 10 घण्टे पढ़ाई को देते हैं।

जब आप कॉलेज में पहुँचते हैं, तो मामला थोड़ा गड़बड़ा जाता है। सोने में 7-8 घण्टे निकलते हैं। यदि विज्ञान के विद्यार्थी हैं, तब तो कॉलेज में 7-8 घण्टे लगाने पड़ते हैं और यदि कला के विद्यार्थी हैं, तब तो भगवान ही मालिक है। घर से तो आप कॉलेज जाने के नाम पर ही निकलते हैं, लेकिन जाते हैं कि नहीं, आप ही जानें और यदि कॉलेज नहीं, तो फिर जाते कहाँ हैं, इसे भी आप ही जानें। इसीलिए मैंने कहा कि यहाँ आकर पढ़ाई के लिए लगने वाले समय का सारा मामला गड़बड़ा जाता है और इसी गड़बड़ी से ज़िन्दगी का मामला भी गड़बड़ा जाता है।

आप उन्हें देखिए, जो नौकरी करने जाते हैं। उनके ऑफिस का समय औसतन 10 बजे से 5 बजे तक होता है। यानी कि 7 घण्टे। जहाँ सप्ताह में पाँच दिन आफिस जाना होता है, वहाँ यह अवधि है-8.30 घण्टे की। आप एक दुकानदार को देखिए-गाँव के नहीं, शहर के दुकानदार को। वह लगभग 11 बजे दुकान खोलता है और रात के 9-10 बजे तक बन्द करता है। यानी कि वह 10-11 घण्टे काम कर रहा है। मजदूरों के भी काम करने के घण्टे लगभग इतने ही हैं और किसानों के भी।

तो क्या इसके आधार पर हम यह निष्कर्ष निकाल सकते हैं कि प्रत्येक व्यक्ति को अपने उद्देश्यपूर्ण काम के लिए रोज 8 से 9 घण्टे देने चाहिए। मुझे

लगता है कि यदि हम यह निष्कर्ष निकालें और इसे आप जैसे विद्यार्थियों पर भी लागू कर दें, तो शायद गलत नहीं होगा। यहाँ आपके मन में यह प्रश्न उठ सकता है कि यदि इतना ही समय स्कूल और कॉलेज में लग जाता है, तो क्या घर पर आकर आपको नहीं पढ़ना चाहिए। असल में यहाँ बात न तो स्कूल या कॉलेज की है और न ही घर की। यहाँ बात है-पढ़ने के कुल घण्टों की। स्कूल और कॉलेज में आप जितने भी घण्टे बिताते हैं, उन सबमें आप पढ़ नहीं रहे होते। कुछ समय आने-जाने में निकल जाता है। कुछ समय गपशप करने में, तो कुछ समय दूसरी तरह की अन्य गतिविधियों में। कॉलेज में पढ़ने के घण्टों को देखना मूँगफली के ढेर के जैसा है, जो दिखता तो बहुत है, लेकिन यदि उसे छीलकर उन दानों का ढेर लगा दिया जाए, तो वह बहुत छोटा दिखाई देगा। इसी प्रकार स्कूल और कॉलेज में कुल बीतने वाले घण्टे की बात अलग है और पढ़ाई में बीतने वाले घण्टों की बात अलग।

एक सामान्य सिद्धान्त के रूप में मुझे यह लगता है कि हमें अपने समय का एक तिहाई या इससे थोड़ा अधिक अपने उद्देश्यपूर्ण काम के लिए देना चाहिए। यदि ईमानदारी के साथ इतना समय दिया जा रहा है, तो वह आपके उद्देश्य को प्राप्त करने के लिए पर्याप्त होगा। हो सकता है कि मेरी इस बात से बहुत पढ़ाकू किस्म के विद्यार्थी सहमत न हों। वे इसके बदले में वैज्ञानिक एडीसन जैसे लोगों की बातें रख सकते हैं, जिनके काम करने के घण्टे कभी-कभी 20-20 तक पहुँच जाया करते थे। ट्रांजिस्टर के आविष्कारक मार्कोनी अपनी पढ़ाई और बाद में आविष्कार में इतने खो जाते थे कि उनके धनी जमींदार पिता गाइसेपे मार्कोनी अपनी पत्नी से शिकायत में कहा करते थे कि 'तुम अपने उस मेधावी से कहो न कि वह कभी छठे-छमासे अपनी अटारी से उतरकर हमारे साथ भी भोजन कर लिया करे।' लेकिन मैं इसे अपवाद के रूप में लेता हूँ। निश्चित रूप से ***अपने उद्देश्य को अधिक से अधिक समय दिया जाना सफलता को अधिक से अधिक सुनिश्चित करना है।*** लेकिन यह उन लोगों के लिए है, जिनके लिए उनका काम ही उनका मनोरंजन बन गया है। इसलिए हम यहाँ यदि इस तरह के अपवादों की बात न करके सामान्य लोगों की बात करें, तो वह अधिक विश्वसनीय और व्यावहारिक होगा।

अब यह आपको देखना है कि आप किस तरह अध्ययन के लिए प्रतिदिन न्यूनतम 7 घण्टे और अधिकतम 9 घण्टे निकाल सकते हैं। यहाँ मैं 'प्रतिदिन' शब्द पर विशेष जोर देना चाहूँगा। प्रतिदिन का मतलब है-हर दिन, हर रोज़। इसका मतलब परीक्षा होने के दो महीने पहले से नहीं है। जब परीक्षा के दो महीने बचेंगे, एक महीना बचेगा, या कुछ ही दिन बच जाएँगे, तब निश्चित रूप से आपके पढ़ने के घण्टों में थोड़ी वृद्धि हो जाएगी। यहाँ मैं जिन सात से नौ घन्टों की बात कर रहा हूँ, ये वे घण्टे हैं, जिन्हें आपको रोज निभाना है, ठीक उसी तरह रोज; जिस प्रकार आप रोज सोते हैं और रोज खाना खाते हैं। हाँ, बीमार पड़ने की स्थिति में, घर में कोई ज़रूरी काम आ जाने की स्थिति में, शादी-ब्याह और तीज-त्यौहार की स्थिति में, कभी-कभार मन न करने की स्थिति में तथा छुट्टी के दिन इससे थोड़ा-बहुत विमुख हो जाना एक सामान्य-सी बात है। इसको लेकर अधिक परेशान तथा चिन्तित भी नहीं होना चाहिए। कोशिश यही होनी चाहिए कि इस नियम को अधिक से अधिक निभाएँ।

माता-पिता आपसे ज्यादा से ज्यादा पढ़ने को कहेंगे। आपके दोस्त, आपके शिक्षक और आपके मार्गदर्शक भी, लेकिन उनकी इस बात को आप ज्यों का त्यों न लेकर उनकी भावना के आधार पर लीजिए। हो सकता है कि ज्यादा से ज्यादा पढ़ने का उनका सिद्धान्त परीक्षा के दो-तीन महीने के आसपास के बारे में हो, पूरे वर्ष के बारे में नहीं। यह भी हो सकता है कि वे आपकी क्षमताओं को ठीक से न जान पा रहे हों। वे आपकी रुचियों और भावनाओं से अपरिचित हों। इसलिए सामान्य रूप से हर कोई आपसे यही कहेगा कि "पढ़ो और ज़्यादा से ज्यादा पढ़ो। केवल पढ़ो।' लेकिन आपको उनके इस वाक्य को अपने हिसाब से समझकर ग्रहण करना चाहिए।

यदि आपके और आपके अभिभावक के दिमाग में यह बात परम्परागत तरीके से बड़े गहरे बैठा दी गई है कि अधिक पढ़ने से अधिक सफलता मिलती है, तो यह सही नहीं है। मैं ऐसे एक नहीं अनेक विद्यार्थियों को जानता हूँ, जो अधिक नहीं पढ़ते थे, लेकिन उनके नम्बर कभी भी अधिक पढ़ने वालों से कम नहीं आए। दूसरी ओर मैं अनेक ऐसे विद्यार्थियों को भी

जानता हूँ, जो खूब पढ़ते थे, लेकिन वे कभी भी खूब नम्बर नहीं ला सके। मैंने इसके कारण के तह में जाने की कोशिश की और लगभग सभी मामलों में यह पाया कि जो लड़के हमें कम पढ़ते-लिखते हुए दिखाई देते हैं, वे कम तो पढ़ते हैं, लेकिन हर दिन पढ़ते हैं, तभी नम्बर ला पाते हैं। यह निरन्तरता बहुत अधिक मायने रखती है। हालाँकि ऐसा तो नहीं है कि पढ़ाकू किस्म के लड़के नम्बर नहीं ला पाते। नम्बर तो उनके भी आ जाते हैं, लेकिन उन्हें यह नहीं भूलना चाहिए कि यदि वे इससे थोड़ा कम भी पढ़ते, तो भी नम्बर उतने ही आते, जितने कि आए हैं।

आखिर हम यह क्यों भूल जाते हैं कि जिस प्रकार हमारे हाथ-पैर और शरीर की एक निश्चित क्षमता है, ठीक उसी प्रकार हमारे मस्तिष्क की भी एक क्षमता है। उसकी भी 'सेचुरेशन' की स्थिति आती है। कपड़ा भीग गया है। उसकी जितनी क्षमता थी, उसने उतना पानी सोख लिया है। अब आप उसे चाहे जितने अधिक पानी में चाहे जितनी अधिक देर तक डुबोए रखिए, वह कुछ भी नहीं सोख पाएगा। हाँ, यदि आप अपने संतोष के लिए उसे डुबाए रखना चाहते हैं, तो यह आपकी मर्ज़ी है। क्या विज्ञान के इस भौतिक सिद्धान्त को हमें अपने मस्तिष्क पर भी लागू नहीं करना चाहिए? यदि आप पढ़ाकू हैं और थोड़े हिम्मती भी, तो आप एक बार इस सलाह को मानकर देखिए। मैं आपको विश्वास दिलाता हूँ कि वैसे तो आपके नम्बर बढ़ने चाहिए, लेकिन यदि बढ़ेंगे नहीं, तो कम तो कतई नहीं होंगे, लेकिन हाँ, आपको अपने अध्ययन की निरन्तरता को बनाए रखना होगा।

सच पूछिए तो उद्देश्यपूर्ण काम के लिए और विशेषकर पढ़ाई के मामले में मैंने यह अनुभव किया है कि जो सबसे बड़ी चुनौती है, वह निरन्तरता की चुनौती है, खासकर तब; जब हम स्कूल और कॉलेज में पढ़ रहे होते हैं। मेरे पास आने वाले अधिकांश विद्यार्थियों की समस्या इसी निरन्तरता की समस्या रहती है। मैंने पाया है कि इस समस्या की जड़ में मनोविज्ञान होता है, बाहरी परिस्थितियाँ नहीं। गर्मी में नींद आती है, ठण्ड में कँपकँपी चढ़ती है, बरसात में अलसाया-अलसाया लगता है, जैसे बहाने केवल ऊपरी हैं। घर में अलग कमरा नहीं है, पड़ोस में हल्ला होता है तथा

बिजली चली जाती है, जैसी बातें यदि आपके अध्ययन की निरन्तरता को बाधित कर रही हैं, तो इसके लिए आप इन्हें या अपने माता-पिता को दोषी ठहराना बन्द कर दीजिए। यदि कोई दोषी है, तो वह केवल आप हैं और आप वही हैं, जो आपका मनोविज्ञान है।

टेलीविज़न के आविष्कारक जॉन बेयर्ड 32 वर्ष के हो गये थे और बेरोजगार थे। उनके पास न तो धन था और न ही स्वास्थ्य, लेकिन उनके पास साहस था और आशा थी। जितनी बुरी स्थितियों में टेलीविज़न का आविष्कार हुआ, उतनी बुरी स्थिति शायद ही किसी अन्य आविष्कार में होगी। गरीबी, लांछन, तिरस्कार, भूख, गन्दे कपड़े और फटे जूते, यही बेयर्ड के साथी थे। टेलीफोन का आविष्कार तो भीड़ भरे चौराहे के पास स्थित एक छोटी-सी बिजली की दुकान के ऊपर बने अंधेरे और बदबूदार छोटे-से कमरे में हुआ था।

यह सब इसलिए हो सका, क्योंकि वे ऐसा करना चाहते थे। आप भी पढ़ सकते हैं, बशर्ते कि आप भी ऐसा करना चाहें। यदि आप चाहेंगे, तो कोई भी बाहरी व्यक्ति या स्थिति आपकी निरन्तरता को बाधित करने में सफल नहीं हो सकती।

यहाँ लगता है कि मुझे उन बातों की थोड़ी-सी चर्चा जरूर करनी चाहिए, जो आपकी इस निरन्तरता को बनाये रखने में सहायक हो सकती हैं, ताकि आप अपने समय का ज्यादा से ज़्यादा और सही उपयोग कर सकें।

(क) क्या आप सचमुच पढ़ना चाहते हैं

उपनिषद् के एक श्लोक में एक खूबसूरत, अविश्वसनीय-सी लगने वाली, किन्तु सही बात कही गई है- 'आप वही हो जाते हैं, जो आपकी गहरी आकांक्षा होती है।' यहाँ ध्यान दीजिए कि बात आकांक्षा की नहीं है, बल्कि गहरी आकांक्षा की है। मैं इस गहरी आकांक्षा को व्यक्ति के मूल तत्त्व और सार तत्त्व के रूप में देखता हूँ या इसे यूँ कह

लीजिए कि यही गहरी आकांक्षा वह धातु है, जिससे हम बने हुए हैं। हम जिस धातु के बने होंगे, वह धातु उसी तरह काम करेगी।

लेकिन हममें से अधिकांश लोगों के साथ सबसे बड़ा संकट यह है कि आकांक्षा तो होती है, लेकिन गहरी नहीं। भला कौन परीक्षा में टॉप नहीं करना चाहेगा? भला कौन बहुत बड़ा अफसर और बहुत बड़ा उद्योगपति नहीं बनना चाहेगा? लेकिन उनकी यह चाहना बहुत सतही होती है और यही कारण है कि वे अपनी इस आकांक्षा को पूरा करने के लिए पूरे जोश-ओ-खरोश के साथ लग तो जाते हैं, लेकिन लगे नहीं रह पाते। उनका सारा जोश दूध में आए उफान की तरह होता है, जो आता है और थोड़ी देर बाद खत्म हो जाता है, लेकिन यदि इसी 'डिज़ायर' के साथ 'डेडीकेशन' का मेल हो जाए, तो चमत्कार होना निश्चित है। ऐसा होने के बाद हमारा मन और मस्तिष्क एक अलग ही तरह की शक्ति और बेचैनी से भर जाता है। हम अपनी शक्ति इस्तेमाल करने लगते हैं और यदि किसी कारण से किसी दिन ऐसा न कर पाए, तो बेचैनी होने लगती है। फिर इस बेचैनी से मुक्ति पाने के लिए हम कुछ करने लगते हैं और जब कुछ कर लेते हैं, तो मन हल्का होकर गुलाब के फूलों की तरह खिल-खिल उठता है। इसीलिए हम लगातार कुछ करते ही रहना पसन्द करते हैं, ताकि बेचैनी की नौबत ही न आने पाये।

कुल-मिलाकर यही तो है-निरन्तरता का सूत्र और राज। वस्तुतः निरन्तरता इसके सिवाय कुछ भी नहीं है कि आपने जो कुछ भी करने की ठानी है, उसको पूरे गहरे मन से ठानी है और आपने यह भी ठान लिया है कि अब आप इसे करके रहेंगे। इसीलिए मैंने यहाँ यह बात कही है कि आप इस बात का फैसला बहुत अच्छी तरह कर लें कि आखिर आप चाहते क्या हैं? यदि आप विशेष बनना चाहते हैं, तो निश्चित रूप से आपको इसके लिए विशेष समय देना होगा। सामान्य तरीके से विशेष को नहीं पाया जा सकता और जिस दिन विशेष सामान्य तरीके से मिलने लगेंगे, उस दिन विशेष का कोई महत्त्व ही नहीं रह जाएगा। आप फैसला करके देखिए, निरन्तरता सधने लगेगी ।

(ख) प्राथमिकता निश्चित कीजिए

इसमें कोई दो राय नहीं कि विद्यार्थी के रूप में आपकी प्राथमिकता यही हो सकती है कि 'मैं पढ़ूँगा'। विद्यार्थी के रूप में आपका जीवन 15-20 वर्षों का होता है। इसमें पढ़ना ही आपकी प्राथमिकता होती है। इतने लम्बे समय में ऐसे बहुत से अवसर आते हैं, जब आपकी यह पढ़ाई बाधित होती है। एक दिन में कई-कई काम दिखाई देते हैं। ऐसे मौकों पर आपके लिए यह समस्या खड़ी हो सकती है कि आप इनमें से किसे करें। सही मायने में ऐसे ही मौकों पर इस बात की सही जाँच होती है कि पढ़ाई आपकी प्राथमिकता है या नहीं। ज़्यादातर मामलों में विद्यार्थी दूसरे कामों की आड़ लेकर पढ़ने से मुक्ति पा लेते हैं, क्योंकि ऐसा करना उन्हें अच्छा लगता है। यदि ऐसा है, तो इसका मतलब है कि पढ़ाई आपकी प्राथमिकता नहीं है, बल्कि यह एक बोझ है, जिसे आप मजबूरी में ढोये चले जा रहे हैं। ऐसे में यदि आपकी निरन्तरता भंग होती है, तो इसमें गलत क्या है।

लेकिन इसके ठीक विपरीत यदि आप दूसरे कामों को भी करते हुए अपनी पढ़ाई को बाधित नहीं होने देते, तो यह आपकी सर्वोच्च प्राथमिकता का प्रमाण है। ऐसे अवसरों पर आप देखिए कि किस प्रकार बियाबान जंगल से अपनी मंजिल तक पहुँचने का रास्ता निकाला जा सकता है। विश्वास रखिए कि निकल आएगा, बशर्ते कि आप निकालना चाहें और निकालने में लग जाएँ। आप देर रात में पढ़ सकते हैं, सुबह जल्दी उठकर पढ़ सकते हैं, बस में यात्रा करते हुए पढ़ सकते हैं। यानी कि किसी भी तरह, कहीं भी और कभी भी पढ़ सकते हैं, बशर्ते कि आप पढ़ना चाहें। विद्यार्थी के रूप में यह आपकी सर्वोच्च प्राथमिकता होनी ही चाहिए, लेकिन ध्यान रहे कि यही सब कुछ नहीं होना चाहिए। दूसरों को स्थगित करके सिर्फ इसी से चिपके नहीं रहना है, बल्कि दूसरों को थोड़ा-बहुत साथ लेकर इसके साथ ज्यादा से ज्यादा रहना है। यही आपकी नीति होनी चाहिए।

(ग) कब तक करना चाहते हैं

दो दोस्त आपस में मिलते हैं। पहला दोस्त दूसरे से कहता है कि 'तुम घर आना'। दोस्त जवाब देता है 'आऊँगा'। पहला दोस्त फिर पूछता है, ''कब आओगे''। दूसरा दोस्त कहता है ''कभी भी आ जाऊँगा''। बात खत्म हो जाती है, लेकिन पक्का मानिए कि वह दोस्त कभी नहीं आएगा, क्योंकि यह 'कभी' कभी भी न आने वाला कभी है। यदि तारीख पक्की नहीं की गई है, तो यह पक्का है कि वह नहीं आएगा।

हमारी जिन्दगी में भी यही होता है। 'कभी भी कर लेंगे' कहने वाले लोग कभी कुछ नहीं कर पाते, लेकिन जो व्यक्ति कहता है कि इस तारीख तक कर लेगा, तो वह कर लेगा। क्या आपको मालूम है कि एडीसन ने बल्ब का आविष्कार करने से काफी पहले ही इस बात की घोषणा कर दी थी कि 'मैं 4 सितम्बर, 1882 को बल्ब का प्रदर्शन करूँगा।' और लाख विपरीत परिस्थितियों के बावजूद इसी तारीख को एडीसन पत्रकारों के सामने यह घोषणा करने के लिए उपस्थित थे कि 'मैंने बल्ब का आविष्कार कर लिया है'।

इसमें कोई दो मत नहीं कि जैसे ही आप किसी काम के लिए तिथि निश्चित करेंगे, आपके दिमाग में तनाव पैदा हो जाएगा। कॉलेज खुले गये हैं। कोई बात नहीं। आप मस्त हैं। दिसम्बर में परीक्षा की तारीख घोषित हुई नहीं कि दिमाग में थोड़ा-सा तनाव पैदा हुआ। अब जैसे-जैसे परीक्षा के दिन नजदीक आते जा रहे हैं, तनाव बढ़ता जा रहा है। यह सबके साथ होता है।

लेकिन इसमें गौर करने की बात यह है कि जिस दिन परीक्षा की तारीख घोषित होती है, उसी दिन से आप पढ़ाई के प्रति भी गम्भीर होने की शुरुआत करते हैं। मतलब यह हुआ कि परीक्षा की तारीख ने आपके अन्दर जो तनाव पैदा किया, उसी तनाव ने आपको उद्देश्य से जोड़ा। इसीलिए इस तनाव को आप एक रचनात्मक तनाव, सकारात्मक तनाव या अच्छा तनाव कह सकते हैं। इस तरह के तनाव नुकसान पहुँचाने के बजाय हमारे लिए फायदेमंद होते हैं।

ठीक इसी तरह यदि आप यह निश्चित कर लें कि आज मुझे इतनी

पढ़ाई करनी है, महीने में इतना पढ़ना है और परीक्षा शुरू होने के इतने दिन पहले तक अपना कोर्स पूरा कर लेना है, तो इससे आपके अध्ययन की निरन्तरता शुरू हो जाएगी। इसी निरन्तरता की तो जरूरत है आपको।

(घ) टाइम टेबल बनाएँ, लेकिन अमल करने के लिए

उद्देश्यपूर्ण जीवन के सन्दर्भ में मैं दैनिक जीवन में टाइम टेबल के भी महत्त्व को रेखांकित करना चाहूँगा। मैंने दोनों ही स्थितियों पर प्रयोग किए हैं - टाइम टेबल बनाकर काम करने तथा बिना टाइम टेबल के काम करने पर। मैंने पाया कि हालाँकि टाइम टेबल बना लेने से दिमाग पर एक अलग तरह का तनाव तो छा जाता है, लेकिन हमारे सामने अपने दिन भर के समय की स्थिति बिल्कुल स्पष्ट हो जाती है। उसमें भटकाव नहीं रहता। इससे काम हो जाते हैं, जबकि यदि हम टाइम टेबल नहीं बनाते, तो अधिकांश समय यूँ ही जाया होता रहता है। टाइम टेबल के बिना समय का बीतना तटों के बिना पानी के बहने जैसा है। तट पानी को अनुशासित करके उसे नदी बना देते हैं। इसलिए मुझे लगता है कि ***कम से कम उद्देश्यपूर्ण जीवन के बारे में तो हमें अपनी एक निर्धारित समय-सारिणी तैयार कर ही लेनी चाहिए।*** यदि इससे थोड़ी तकलीफ़ के बदले कोई काम सधता है, तो मैं समझता हूँ कि यह तकलीफ़ उठाई जानी चाहिए।

इसे कैसे बनायें और इस पर कैसे अमल करें, इसके बारे में मैं आपको कुछ व्यावहारिक बातें बताना चाहूँगा।

☑ आपका टाइम टेबल लम्बी अवधि का होना चाहिए। ऐसा न हो कि पन्द्रह दिन, एक महीने का टाइम टेबल बनाकर, उस पर अमल करके आप चुप बैठ जाएँ। आखिर हम भोजन पन्द्रह दिन ही तो नहीं करते। सोते भी हम रोज़ ही हैं। तो फिर हम रोज़ पढ़ क्यों नहीं सकते?

लम्बी अवधि का टाइम टेबल इसलिए ज़रूरी है, क्योंकि ऐसा करके ही आप इसे व्यावहारिक बना सकेंगे अन्यथा होगा यह कि यदि आपने काम के (जैसे कि परीक्षा के) एक-दो महीने पहले ही टाइम टेबल बनाया (जैसा कि अधिकांश लोग करते हैं), तब आप इतना कड़ा टाइम टेबल बनाने को मजबूर हो जाएँगे कि उसको सही-सही निभा पाना आपके लिए मुश्किल हो जाएगा।

टाइम टेबल लम्बा हो, लेकिन छोटा हो। यानी कि लम्बे उद्देश्य के लिए छह-छह दिन का टाइम टेबल बनायें। ***यदि सात दिन का टाइम टेबल बनाया जाता है, तो वह पूरी जिन्दगी का टाइम टेबल बन जाता है, क्योंकि सात दिन के बाद आठवाँ दिन नहीं आता, बल्कि पहला दिन फिर से आ जाता है।*** लम्बाई को निभाना मुश्किल होता है। ऐसे में आप सोचेंगे कि चौदह बरस का यह वनवास कैसे कटेगा। छह दिन के टाइम टेबल में आप छह दिन के बारे में सोचेंगे, चौदह बरस के बारे में नहीं। हालाँकि आप ही वह व्यक्ति होंगे, जो चौदह बरस पूरे करेंगे, किन्तु छह-छह दिन सोचकर। इससे रास्ता आसान हो जाएगा।

सातवें दिन को 'स्वतंत्रता दिवस' की तरह रखें। उस दिन बंधनरहित रहें। इससे आप अगले छह दिनों के लिए अधिक उत्साह से तैयार हो सकेंगे और अपनी खोई हुई ऊर्जा को फिर से संचित कर सकेंगे। आखिर ईश्वर भी जब छह दिनों तक संसार को रचते-रचते थक गया था, तो उसे आराम की ज़रूरत पड़ी थी। कहा जाता है कि उसने रविवार को विश्राम किया था। इसी की स्मृति में हर रविवार को छुट्टी रखी जाती है। जब ईश्वर को रविवार की ज़रूरत हो सकती है, फिर भला आप और मैं तो हैं ही क्या?

☑ आपका टाइम टेबल बहुत ही आसान और व्यावहारिक होना चाहिए। आप उन बिन्दुओं को अच्छी तरह सोचकर नोट कर लें, जिनके लिए आपको अलग से समय की ज़रूरत पड़ेगी। यदि सोच सकते हैं, तो उन स्थितियों के बारे में भी पूर्व कल्पना कर लें, जो आ सकती हैं।

साथ ही अपने सामाजिक जीवन के निर्वाह एवं मन बहलाव के तरीकों को भी ध्यान में रखें। इनकी उपेक्षा कतई न करें, क्योंकि यदि आपने

ऐसा किया, तो आप पाएँगे कि कुछ दिनों के बाद ही टाइम टेबल को निभा पाना आपके लिए कठिन हो रहा है। फिर इसको न निभा पाने का अपराधबोध अनावश्यक रूप से तनाव का कारण बन जाएगा।

मैं यहाँ आपको सतर्क करना चाहूँगा कि सामाजिक जीवन और मनोरंजन भी एक सीमा में ही होने चाहिए, सीमाहीन नहीं।

☑ प्रतिदिन के टाइम टेबल में कुछ समय को खाली अवश्य रखें। इस खाली समय का उपयोग आपातकाल की तरह करें। इसे आप इस तरह समझ लें कि यह रेल की पातों के दो टुकड़ों के जोड़ों के बीच छोड़ी गई खाली जगह की तरह है, ताकि गर्मी के दिनों में जब लोहे का आयतन बढ़े, तो उसका दबाव पातों पर न पड़े।

☑ टाइम टेबल में अनुभव के आधार पर आवश्यकतानुसार संशोधन करते रहने में संकोच न करें। याद रखें कि यह आपके लिए है, आप इसके लिए नहीं हैं।

☑ ध्यान रहे कि टाइम टेबल का सम्बन्ध मुख्यतः आपके मुख्य कार्य से होता है, न कि आपके खाने-पीने और उठने-बैठने के छोटे-छोटे कार्यों से। मान लीजिए कि आपने प्रतिदिन पाँच घण्टे पढ़ने का निर्णय लिया है, तो आपको केवल इस बात का निर्धारण करना है कि आप ये पाँच घण्टे कब निकालेंगे। बस इतना ही।

यहाँ यह भी बताना उपयुक्त होगा कि यदि आपकी प्रतिदिन काम करने की क्षमता कम है, तो उसे जबर्दस्ती अचानक बढ़ाने की कोशिश न करें, बल्कि धीरे-धीरे बढ़ाएँ। जोश में आकर 8-10 घण्टे रोज़ काम करने का टाइम-टेबल न बना बैठें। ऐसा कुछ न करें, जिसे आप लम्बे समय तक निभा नहीं सकते, क्योंकि ***यदि आपने टाइम टेबल बना लिया है, तो उसे एक संकल्प, एक वचन तथा एक धार्मिक-कृत्य की तरह ही लें, न कि मिट्टी के लोंदे की तरह कि जब चाहा, जैसा और जो कुछ चाहा, वैसा बना लिया।*** इसलिए भावना में बहकर टाइम टेबल न बनाएँ। अच्छी तरह सोच-विचार कर बनाएँ।

☑ टाइम टेबल बनाना आसान है, किन्तु उस पर अमल करना

आसान नहीं है, क्योंकि हमारे मनमौजी मन को किसी बन्धन में बँधे रहना अच्छा नहीं लगता, लेकिन यहाँ हमारी मुश्किल यह है कि स्वयं को बिना किसी बँधन में बाँधे बात भी तो नहीं बनती। बिना बंधन के तो जिन्दगी यूँ ही भटकती-भटकती बीत जाएगी। इसलिए टाइम टेबल बनाने से भी अधिक महत्त्वपूर्ण बात यह है कि हम उसका पूरी निष्ठा के साथ पालन करें।

यहाँ आपको अपने अन्दर 'प्राण जाई पर वचन न जाई' वाली रघुवंशीय भावना और शक्ति पैदा करनी होगी। आपको अपने मुख्य कार्य को अपने दैनिक जीवन की प्राथमिकता की सूची में प्रथम एवं सर्वोच्च स्थान पर रखना होगा। ***आपको यह शपथ लेनी होगी कि भले ही दूसरे काम रह जाएँ, लेकिन मुख्य काम वाला वचन पूरा करना ही करना है,*** लेकिन यदि आप यह सोचेंगे कि दूसरे काम पूरे करने के बाद मुख्य काम को करेंगे, तो ऐसा सोचकर आप स्वयं को कमज़ोर बना लेंगे।

सतर्क रहिए कि आपका मन आपसे यही करने को कहेगा। यह कहेगा कि 'अभी तो बहुत समय बाकी है। बाद में कर लेना। कल कर लेना। छुट्टी के दिन कर लेना।' ***यदि आप मन के इस बहकावे में आ गये, तो फिर आप किसी भी अच्छे संकल्प को अपनी आदत नहीं बना सकेंगे।*** लेकिन यदि आपने मन के संकेतों को दरकिनार करने में सफलता पा ली, तो फिर आपको सफल होने से कोई नहीं रोक सकेगा।

☑ टाइम टेबल को पूरा करने की चेतना को तनाव में तब्दील मत होने दीजिए। हो सकता है कि शुरू में आपको ऐसा महसूस हो, लेकिन घबड़ाएँ नहीं। कुछ दिनों बाद आपका यही तनाव आपके आनन्द में परिवर्तित हो जाएगा, बशर्ते कि आपका संकल्प सच्चा हो। आप स्वयं सोचकर देखिए कि जब आप अपना कोई सोचा हुआ काम पूरा कर लेते हैं, तब आपके अन्दर से आनंद की एक पतली-सी ही धारा सही, लेकिन फूटती ज़रूर है। इस पतली धारा को जब हम मोटी एवं अविरल धारा बना देते हैं, तब कर्म ही हमारा आनंद बन जाता है, ठीक वैसे ही; जैसे भक्त का आनंद होता है - भगवद्भक्ति। आप यकीन कीजिए कि ऐसा होता है और ऐसा किसी के

साथ भी हो सकता है। जी हाँ, आपके साथ भी।

आरम्भ में तो टाइम टेबल का पालन करना आपको तनावपूर्ण लगेगा, लेकिन कुछ समय बाद इसका पालन न कर पाना आपके लिए तनाव का कारण बन जाएगा और जिस दिन से आपके साथ ऐसा होने लगेगा, आप समझ लीजिएगा कि अब यह कर्म आपकी आदत में शामिल हो गया है। कुछ समय बाद आप इसे किए बना असहज अनुभव करने लगेंगे। आपको लगेगा कि आज आप कुछ 'मिस' कर रहे हैं। आपको कुछ छूटा-छूटा सा, कुछ खाली-खाली सा लगने लगेगा। आपको लगेगा कि अभी तो आपके दिमाग का स्नान ही नहीं हुआ है।

☑ यदि किसी असामान्य परिस्थितिवश आप अपना टाइम टेबल पूरा नहीं कर पाते, तो उसका कारण जानने की कोशिश कीजिए। कारण तलाशते समय स्वयं को बचाने की मुद्रा में मत रहिए, बल्कि यही मानकर चलिए कि 'ज़िम्मेदार तो मैं ही हूँ। क्या मैंने इसके पालन करने में कोई चूक की है?' यदि चूक हुई है तो उसे पहचानिए और कोशिश कीजिए कि भविष्य में ऐसी चूक न हो।

मैंने आपसे कहा था कि टाइम टेबल बनाते समय कुछ 'गैप' रखिए। अब आपको अपने इस बचे हुए काम को इस 'गैप' में पूरा करना है। याद रखिए कि जो कुछ आपने निर्धारित किया है, यदि वह किसी कारणवश समय पर पूरा नहीं हो सका, तो इसका अर्थ यह नहीं है कि आप उसे अनन्तकाल के लिए टाल दें, बल्कि उसकी जल्दी से जल्दी भरपाई करें। इसे आप स्वयं के द्वारा स्वयं पर चढ़ाया गया कर्ज मानिए, जिससे आपको जल्दी से जल्दी छुटकारा पाना है। अन्यथा ब्याज इतना बढ़ता चला जाएगा, भविष्य में इतना बढ़ जाएगा कि इस भार से मुक्त होना सम्भव ही नहीं रह जाएगा।

☑ एक अन्य महत्त्वपूर्ण बात है- समीक्षा की। प्रतिदिन सोने से पहले आप अपने दिनभर का मूल्यांकन करें। अच्छा होगा, यदि आप डायरी लिखने की आदत डाल लें। मूल्यांकन करने की यह आदत आपके लिए आइने का काम करेगी। जब हम प्रतिदिन रात में अपना मूल्यांकन करते हैं, तब हम स्वाभाविक रूप से इस बात के प्रति हमेशा सतर्क रहते हैं कि हम

अपने समय का सही उपयोग करें तथा अपने संकल्प का पालन करें।

मुझे लगता है कि कोई भी व्यक्ति ऐसा करके टाइम-टेबल के अनुसरण को अपनी आदत बना सकता है और जैसे ही ऐसा हो जाता है, वैसे ही उसकी निरन्तरता स्थापित हो जाती है ***अन्यथा जानते हैं कि क्या होगा? होगा यह कि कुछ दिनों तक निरन्तरता रहेगी। फिर अन्तराल आने लगेंगे और अन्त में अनुपस्थिति आ जाएगी।*** अधिकांशतः यही होता है। आप अपने साथ ऐसा न होने दें।

☑ जैसा कि पहले बताया जा चुका है, समय के प्रबन्धन का बहुत बड़ा सम्बन्ध समय के उचित उपयोग से होता है। यहाँ 'उचित उपयोग' कहने का अर्थ यह है कि हमें मालूम होना चाहिए कि कौन-सा समय किस कार्य के लिए सबसे अधिक अनुकूल है?

जब हम कोई भी काम करते हैं, तो उसमें हमारे दो अंग काम कर रहे होते हैं-शरीर और मस्तिष्क। स्पष्ट है कि टाइम टेबल बनाते समय हम यह देखें कि हम जो काम करने जा रहे हैं, उसमें शरीर की प्रधानता है या मस्तिष्क की। इसका निश्चय करने के बाद हम यह देखें कि उस काम को करने में जिसकी प्रधानता है, वह अपने श्रेष्ठतम रूप में कब मौजूद रहता है। जैसे कि अभी आपका मुख्य उद्देश्य पढ़ना है और आपने प्रतिदिन पाँच घण्टे पढ़ने का निश्चय किया है। तो आपको यह भी देखना होगा कि वे कौन-से पाँच घण्टे होंगे, जिनका उपयोग करके आप अधिक से अधिक पढ़ाई कर सकते हैं। यहाँ आपकी सोच केवल पाँच घण्टे तक ही सीमित नहीं रहनी चाहिए, बल्कि उन पाँच घण्टों तक व्यापक होनी चाहिए, जो आपके लिए सबसे अधिक उपयोगी हो सकते हैं।

निश्चित रूप से यदि आप अपने पढ़ने के लिए भोर के दो घण्टे निर्धारित करेंगे, तो यह निर्णय सर्वोत्तम होगा। ऐसा इसलिए, क्योंकि भोर में आपका शरीर और मस्तिष्क अधिक सजग और प्रफुल्लित होंगे। शरीर आराम करके उठा है और मस्तिष्क भी पूरी तरह शान्त है। बाहर के वातावरण में भी किसी तरह की अव्यवस्था नहीं है। घर भी शान्त है। स्वाभाविक है कि ऐसी स्थिति में आप अपने-आपको पढ़ने में जितना अधिक केन्द्रित कर

पाएँगे, उतना दोपहर में नहीं या कि नाश्ता करने के बाद नहीं। भोर के दो घण्टे में आपकी तीन-साढ़े तीन घण्टे के बराबर पढ़ाई हो जाएगी।

ठीक इसी तरह यदि आप पढ़ने के लिए शाम का समय चुनते हैं, तो पाँच घण्टे की पढ़ाई तो कर लेंगे, लेकिन आपको यह नहीं भूलना चाहिए कि ये पाँच घण्टे उपयोगिता की दृष्टि से मुश्किल से दो घण्टों के बराबर होंगे। दिन-भर की थकान और मस्तिष्क की परेशानियाँ आपको इस समय अच्छी तरह से पढ़ने नहीं देंगी। तो क्या अब आपको ऐसा नहीं लगता कि यदि आपने सुबह दो घण्टे पढ़ने का निर्णय लिया, तो यह अधिक सही निर्णय होगा? कम से कम मुझे तो लगता है और मैं समझता हूँ कि यदि आप भी ऐसा कर सकें, तो आपको भी मेरे जैसा ही कुछ लगने लगेगा।

☑ इसी के साथ जुड़ी हुई एक व्यावहारिक बात यह है कि जब भी आप अपने दिन-भर के समय के नियोजन का निर्धारण करें, तो आपकी कोशिश होनी चाहिए कि सबसे पहले अपने उद्देश्य के लिए समय दें। इसका एक मनोवैज्ञानिक पहलू है। उद्देश्य के लिए निर्धारित किया गया समय हमेशा हमारे दिमाग में घूमता रहता है, तब भी; जब हम दूसरा काम कर रहे होते हैं। हमें लगातार इस बात का एहसास बना रहता है कि अपने उद्देश्य के लिए समय लगाना है। इसका नतीजा यह होता है कि हम स्वयं को अन्य कामों में अच्छी तरह केन्द्रित नहीं कर पाते। यहाँ तक कि हम आनन्द के क्षणों का भी पूरी तरह आनन्द नहीं ले पाते।

जबकि ठीक इसके विपरीत यदि हम आज के अपने उद्देश्य को पहले ही पूरा कर लें तो उसके बाद के सारे कामों में हमारी एकाग्रता बढ़ जाती है। हम अपने आनन्द के क्षणों का सही उपभोग कर पाते हैं। यदि हम गप्पबाजी कर रहे हैं, तो हमें अपराधबोध नहीं होगा। यदि हम झील के किनारे बैठकर डूबते हुए सूरज को देख रहे हैं, तो हमारा मन नहीं डूबेगा। यानी कि अपने उद्देश्यपूर्ण कार्य से निवृत्त हो जाने के बाद हम उसके बाद के प्रत्येक क्षण का उपभोग करने वाले एक सच्चे भोक्ता बन जाते हैं। इसलिए यदि हमारी कोई ऐसी मजबूरी न हो कि हमें किसी काम को दिन के उत्तरार्द्ध में ही करना है, तो हमारा प्रयास यही होना चाहिए कि हम सबसे पहले इसे निपटा लें। इससे हमारे अन्य सभी कार्यों की गुणवत्ता काफी बढ़ जाएगी।

☑ यह बात भी कम अहमियत नहीं रखती कि आपको हमेशा अपने चिन्तन को इस बात से संचालित करते रहना चाहिए कि 'यह क्षण कभी नहीं आएगा।'

आपने महसूस किया होगा कि हमारा दिमाग हमें हमारे काम से छुटकारा दिलाने के लिए अक्सर यही सोचने को मजबूर करता है कि 'अरे! यह तो फिर आ जाएगा', या कि 'इससे बेहतर आयेगा।' हमें इस विचार को रोकना होगा। भले ही आने वाले क्षण हमारे वर्तमान क्षण से कई गुना बेहतर क्यों न हों, लेकिन वह बीता हुआ क्षण तो नहीं हो सकता। यहाँ सवाल भरपाई करने का नहीं है। सवाल प्रत्येक क्षण का उपयोग करने का है। यदि आने वाला क्षण बेहतर होगा तो हम उसका और बेहतर उपयोग करके अपने विकास की रेखा को और बढ़ाएँगे। यह ठीक है कि जिन्दगी बेहतर है, लेकिन इतनी भी बेहतर तो नहीं कि उसे और बेहतर न बनाया जा सके। बेहतरी की कोई सीमा नहीं होती।

आइए, इसे और बेहतर बनाने में जुटें। साथ ही युधिष्ठिर से जुड़ी इस कथा को हमेशा याद भी रखें।

एक दिन गले में ढोल डालकर भीम स्वयं ही नगर में मुनादी करने निकल पड़े। वे जगह–जगह ढोल बजाते और कहते–'नगरवासियों! आपको यह सुनकर प्रसन्नता होगी कि महाराज युधिष्ठिर ने काल को जीत लिया है।' भीम की मुनादी की सूचना गुप्तचरों ने महाराज युधिष्ठिर के कानों तक पहुँचाई। भीम को दरबार में बुलाया गया। महाराज ने पूछा– 'क्या तुमने मेरे द्वारा काल को जीतने वाली मुनादी की है? तुम्हारे द्वारा जनता में मिथ्या प्रचार करने का कारण क्या है?' शांत भाव से भीम ने उत्तर दिया–'राजन! कल आपने ही तो एक ब्राह्मण के दान माँगने पर उससे कहा था कि कल आना, तब मिलेगा। मैंने सोचा कि आपको पक्का विश्वास था कि दूसरे दिन तक आप और ब्राह्मण जीवित रहेंगे। क्षमा करें, काल को वश में करने वाला ही ऐसा वचन दे सकता है। इसलिए मैं आनंदविभोर हो गया और उत्साह के आवेश में स्वयं ही मुनादी करने निकल पड़ा।'

युधिष्ठिर गंभीर हो गए। उस समय व्यस्त होने के कारण याचक को कल आने के लिए कह दिया था। इतनी गहराई से नहीं सोचा था कि काल का क्या ठिकाना। सेवक भेजकर याचक को तलाश कर बुलवाया गया। जो देना था सो दिया गया। उन्होंने प्रतिज्ञा ली कि वे वही कहेंगे, जो आज कर सकते हैं।

हम यदि किसी काम को आज कर सकते हैं, तो उसे आज ही करें, भले ही इसके लिए हमें कुछ कठोर ही क्यों न बनना पड़े।

ऐसा करके आप अपने उद्देश्यों को पाने के लिए समय का सही प्रबन्धन कर लेंगे, मुझे इसमें तनिक भी सन्देह नहीं है।

खाली समय

यह शीर्षक आपको थोड़ा अटपटा लग रहा होगा और शायद मज़ेदार भी। अटपटा इसलिए कि आप सोच रहे होंगे कि क्या हमें अपने समय के कुछ हिस्से को खाली भी रखना चाहिए और मजेदार इसलिए कि आपको यह लग रहा होगा कि दिनभर में कुछ समय खाली भी रखने के लिए कहा जा रहा है। जी हाँ, आप बिल्कुल सही समझ रहे हैं। हालाँकि जो लोग 'वर्कोहलिक' (कार्योन्मत) होते हैं, उनका सिद्धान्त वाक्य भी यही रहता है कि 'विश्राम के क्षण वे होते हैं, जब आपके पास विश्राम करने के लिए समय ही नहीं होता।' लेकिन मैं ऐसे लोगों के साथ नहीं हूँ। मैं यह मानकर चलता हूँ कि जीवन का सौन्दर्य और उत्सव सम्पूर्णता में है, खण्ड-खण्ड में नहीं। ***यह तो ठीक है कि हमारा जीवन समय से ही बना है, लेकिन यह भी तो उतना ही ठीक है कि समय जीवन के लिए है न कि जीवन समय के लिए।*** इसलिए मैं इस बात पर पक्के तौर पर यकीन करता हूँ कि हमें अपने जीवन का कुछ समय खाली समय के रूप में भी रखना चाहिए। जिस प्रकार विश्व में कोई ऐसी वस्तु नहीं, ठोस से ठोस वस्तु भी नहीं; जिनके दो कणों के बीच में थोड़ी-सी खाली जगह न रहती हो, ठीक इसी प्रकार हमारा जीवन भी ऐसा नहीं होना चाहिए कि खाली समय की गुन्जाइश ही न रहे।

यह खाली समय क्या है? सीधी-सी बात है कि दैनिक कार्यों और उद्देश्यपूर्ण कार्यों को करने के बाद बचा हुआ समय ही खाली समय है और यदि आपके पास इन दोनों कामों को पूरा करने के बाद कोई समय नहीं बचता, तो आप कुछ ऐसा कीजिए, ताकि कुछ समय बच सके, क्योंकि यह बहुत ज़रूरी है। यह बहुत ज़रूरी है-आपके व्यक्तित्त्व के निर्माण के लिए। यह बहुत ज़रूरी है-आपके मस्तिष्क की क्षमता में वृद्धि के लिए। यह बहुत ज़रूरी है-आपकी शारीरिक सुदृढ़ता के लिए। यह बहुत ज़रूरी है-आपकी भावनात्मक

शक्ति के विकास के लिए और यह बहुत ज़रूरी है-आपके आत्मिक उत्थान के लिए भी।

याद रखिए कि अभी आपके लिए पढ़ना बड़ी बात है, सबसे बड़ी बात, लेकिन सब कुछ नहीं। आप अभी पढ़ाई इसलिए कर रहे हैं, ताकि कुछ बन सकें- प्रशासक, डॉक्टर, इंजीनियर, वैज्ञानिक, लेखक, उद्योगपति आदि-आदि। अभी आप खूब पढ़ेंगे, रात-दिन पढ़ेंगे। जो बनना चाहते हैं, बन भी जाएँगे, लेकिन बन जाना अलग बात है और कुछ बनकर उस दायित्त्व को अच्छी तरह निभा पाना बिल्कुल ही अलग बात है। इनमें से कुछ भी बनने के बाद जब आप जीवन के व्यावहारिक क्षेत्र में उतरेंगे, तब किताबें नहीं, बल्कि व्यक्तित्व काम आएगा। उस समय पुस्तकों के सिद्धान्त नहीं, बल्कि जीवन और जगत के सिद्धान्त काम आएँगे। कुछ ही समय के बाद आप महसूस करेंगे कि ज्ञान इतना ज़रूरी नहीं है, जितना कि व्यक्तित्व ज़रूरी है। विश्वास कीजिए कि मैं यह बात महान लोगों की जीवनियों से प्राप्त निष्कर्षों के साथ-साथ अपने आसपास के लोगों की सफलता-असफलताओं के सामूहिक मूल्यांकन के आधार पर कह रहा हूँ। यदि आपने अपना पूरा विद्यार्थी जीवन पढ़ने में; सिर्फ पढ़ने में, पढ़ने ही पढ़ने में खपा दिया, तो आगे चलकर आप महसूस करेंगे कि आपने अपनी जिन्दगी को किताबों के बोझ तले दबाकर उसे शेष समय के लिए कराहते रहने को अभिशप्त कर दिया है। मैं आपको इसके लिए अभी से सतर्क कर रहा हूँ।

जो भी विद्यार्थी अपने अध्ययन में निरन्तर लगे रहते हैं और दैनिक जीवन में सुव्यवस्थित होते हैं, उन्हें खाली समय निकालने में कोई दिक्कत नहीं आती। हाँ, यह बात अलग है कि परीक्षा के दिनों के आसपास इसमें काफी कटौती कर दी जाए या कुछ दिनों के लिए बिल्कुल ही कटौती कर दी जाए, लेकिन ऐसा नहीं होना चाहिए कि पूरे विद्यार्थी जीवन को ही पढ़ने में खर्च कर दें। एक ज्ञानी व्यक्ति के अतिरिक्त यदि आप कुछ और बन सकेंगे, तो उसे बनाने की जिम्मेदारी आपके इसी खाली समय पर होगी और इस बात को याद रखिए कि दुनिया के अधिकांश महान और सफल व्यक्तियों ने अपनी तमाम व्यस्तताओं के बावजूद अपने लिए इस खाली समय की व्यवस्था की थी।

आइंस्टीन गिटार बजाया करते थे। बीसवीं शताब्दी के महान दार्शनिक ज्याँ पाल सार्त्र रोज कम से कम दो घण्टे संगीत सुनते थे। गाँधीजी बकरियों को चारा खिलाते थे। ईसा मसीह बीच–बीच में कुछ दिनों के लिए गायब हो जाते थे। मुहम्मद साहब रेगिस्तान में चले जाया करते थे। अब्राहम लिंकन की हत्या तब की गई थी, जब वे नाटक देखकर बाहर निकल रहे थे। ये सब ऐसा इसलिए करते थे, ताकि स्वयं को पुनर्जीवित कर सकें।

हमारा शरीर और मस्तिष्क

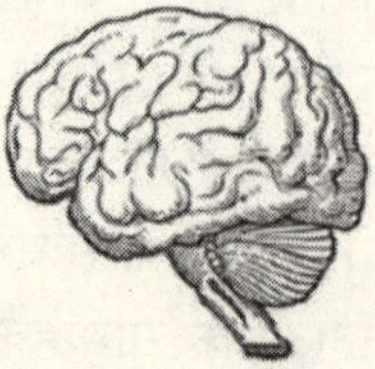

हमारे शरीर और मस्तिष्क की कोशिकाओं को भी पुनर्जीवित होने के लिए रिक्त समय की ज़रूरत होती है। जब हम सो जाते हैं, तब ये कोशिकाएँ स्वयं को पुनर्जीवित करती हैं, लेकिन केवल इसी से बात नहीं बनती। इन्हें भी ठीक इसी प्रकार कुछ और बातों की ज़रूरत पड़ती है, जिस प्रकार केवल रोटी या केवल चावल हमारा पेट नहीं भरते। हमें चावल और रोटी के साथ दाल, सब्जी, अचार, चटनी और पापड़ आदि भी चाहिए।

आप एक कुल्हाड़ी लीजिए या एक कुदाल। उससे लकड़ी काटते जाइए और मिट्टी खोदते जाइए। यह काम करते जाइए। काम होता जाएगा। सालों साल काम चलता रहेगा, लेकिन यदि आप समय–समय पर उस कुल्हाड़ी और कुदाल की धार को तेज करते रहें, तो उससे काम पहले से ज्यादा होगा, जल्दी होगा और अच्छा होगा। तो क्या आपको नहीं लगता कि हमें अपने मस्तिष्क की इस धार को भी रोज तेज़ करना चाहिए ? ऐसा आप इस खाली समय में ही कर सकते हैं। एक अच्छी धार वाली कुल्हाड़ी जहाँ एक घण्टे में पाँच पेड़ काट सकती है, वहीं भोथरे धार वाली कुल्हाड़ी को पाँच पेड़ों को काटने में पाँच घण्टे लग जाएँगे। तो क्या इस प्रकार आप उसी काम को करने में चार घण्टे नहीं बचा रहे हैं ? आखिर एक कुल्हाड़ी की धार को तेज करने में कितना समय लगेगा, ज़्यादा से ज़्यादा पन्द्रह मिनट। है न

अन्ततः यह फायदे का सौदा ही। आइए, अब मैं आपको बताता हूँ कि इस खाली समय में आपको क्या-क्या करना चाहिए।

☑ आपके पास घर में पढ़ने के लिए अलग से कमरा है, तो अलग से पढ़िए। खूब पढ़िए। वहीं बैठकर पढ़िए, लेकिन केवल वहीं बैठे मत रहिए। जब भी समय मिले, परिवार के बीच आकर बैठिए, उनके साथ बातचीत कीजिए और खुले भाव से बातचीत कीजिए। गम्भीर मत बने रहिए। हँसी-मज़ाक कीजिए और हँसिए। इस समय यह मत सोचिए कि आपका समय खराब हो रहा है। यह समय का उपयोग हो रहा है और सही उपयोग हो रहा है। हाँ, यदि आप पढ़ाई-लिखाई छोड़कर दिन-दिन भर यही करते रहेंगे, तो समय जरूर खराब होगा। अपने खाली समय का कुछ समय परिवार वालों के साथ ज़रूर बिताइए।

☑ ठीक इसी प्रकार कुछ समय मित्रों के लिए भी निकालिए। उन्हें बुलाइए या खुद उनके पास जाइए। थोड़े समय के लिए उनसे मिलिए और मुक्त भाव से बातचीत कीजिए। खूब ठहाके लगाइए। इससे आपका व्यक्तित्त्व निखरेगा। आप कुण्ठाओं से मुक्त होंगे। इससे आपको हल्का लगेगा और आपका दिमाग आगे की पढ़ाई के लिए तैयार हो सकेगा।

☑ यदि हो सके तो कुछ समय प्रकृति के साथ बिताइए। आकाश को देखिए। तारों को निहारिए। झरनों की कल-कल और चिड़ियों का चहचहाना सुनिए। पत्तों के हरेपन और फूलों के विविध रंगों का अवलोकन कीजिए। बगीचों में घूमिए, नदी के किनारे टहलिए, खेतों में जाइए। क्या आपको मालूम है कि डार्विन इसी तरह की रुचि वाले बालक थे। उनकी इसी रुचि ने उन्हें बाद में इतना बड़ा वैज्ञानिक बना दिया।

☑ यदि मन करता है, ज़्यादातर लोगों का करता ही है, तो गीत और संगीत को समय दीजिए। चाहे गाइए या गाने सुनिए। थोड़ी देर के लिए आप पढ़ते समय भी संगीत का आनन्द ले सकते हैं। इससे आत्मा और मस्तिष्क, दोनों का विकास होता है। उक्रेन की तो कहावत ही है कि

'बच्चों के हाथों में गिटार पकड़ा दो। वे बुरे आदमी नहीं बनेंगे।' अच्छा संगीत उदात्तता की ओर ले जाता है। इसीलिए तो ईश्वर को पाने का एक माध्यम संगीत को भी बताया गया है।

☑ यदि आपकी रुचि फ़िल्म देखने में है, तो फ़िल्म देखिए। यदि आपकी रुचि टेलीविज़न पर प्रोग्राम देखने में है, तो वह भी देखिए। यदि नाटक देखने में मज़ा आता है, तो उससे भी परहेज मत कीजिए। ऐसे सांस्कृतिक कार्यक्रमों से परहेज करने की कोई जरूरत नहीं होती। पढ़ाई के लिए इसे बाधक नहीं बल्कि साधक मानिए। ये आपके व्यक्तित्त्व का सामाजिकीकरण करेंगे और आपको जीवन की समझ देंगे। यदि आपका मन नहीं भी कर रहा है, तो भी इनमें जाइए और पूरे मन से जाइए। हो सके तो दोस्तों के साथ जाइए। नहीं तो अकेले ही जाइए, लेकिन जाइए ज़रूर।

☑ मैं जानता हूँ कि आप किताबें पढ़ते हैं, लेकिन मैं यह नहीं जानता कि आप अपने कोर्स की किताबों को छोड़कर क्या कोई अन्य किताब भी पढ़ते हैं। बहुत कम विद्यार्थी ऐसा करते हैं। आप भी ऐसा कीजिए। अपने कोर्स के अतिरिक्त भी दूसरी पुस्तकें पढ़िए-कविता, कहानी, उपन्यास, जीवनियाँ तथा अन्य कोई भी पुस्तक; जो आपको पसन्द आती हो। ये किताबें आपके दिमाग के लिए अचार, चटनी और पापड़ का काम करेंगी। इससे आपके दिमाग का स्वाद बढ़ जाएगा। आपके दिमाग की ग्रहणशीलता बढ़ जाएगी। इसका लाभ आपको अपनी कोर्स की पुस्तकों को पढ़ते समय मिलेगा।

☑ आपको सप्ताह में एक दिन की छुट्टी मिलती है। आप इस छुट्टी को कैसे गुज़ारते हैं? या तो लम्बे समय तक सोकर या अपने बचे-खुचे कामों को पूरा करके या दोस्तों के साथ मौज-मस्ती करके या फिर पढ़कर ही। इसमें सन्तुलन बनाइए। निश्चित रूप से आपको अपने आधे-अधूरे कामों को पूरा करने को प्राथमिकता देनी चाहिए, लेकिन इस दिन पढ़ने को प्राथमिकता न दें। पढ़ें, लेकिन बहुत ज्यादा नहीं। इस दिन आराम करने को भी स्थान दें। हाँ, यह ज़रूर है कि साँतवें दिन का यह आराम इससे पहले के

छह दिन के भरपूर काम के बाद का आराम होना चाहिए। सच तो यह है कि ***छुट्टी का आनन्द भी जी-भरकर काम करने के बाद ही मिलता है।*** छुट्टी को छुट्टी की तरह मनाइए।

☑ इसी तरह तीज-त्यौहार और उत्सवों को भी उत्सवों की तरह मनाइए। ऐसा मत कीजिए कि रंग पुतने के डर से होली नहीं खेल रहे हैं। ऐसा मत कीजिए कि पटाखों की आवाज़ के डर से दीवाली के दिन कान में रूई ठूँसकर पढ़ाई कर रहे हैं। ये त्यौहार बनाये ही इसलिए गये हैं कि हमारे अन्दर का मरा हुआ जीवित हो उठे, जमा हुआ गलकर बहने लगे, थमा हुआ चलने लगे। अपने अन्तर्मन को जमने मत दीजिए। इनमें शामिल होइए।

☑ पढ़ाई का नुकसान होगा, यह सोचकर ज्यादातर विद्यार्थी शादी-विवाहों में या माता-पिता और भाई-बहनों के साथ कहीं दूसरी जगहों पर मिलने जाना नहीं चाहते। वे गलत करते हैं। एक दिन में कुछ नहीं होता। पढ़ने के लिए 365 दिन हैं । यदि 364 दिन में ठीक नहीं हो सकता, तो यह निश्चित जानिए कि एक दिन की अतिरिक्त बचत भी उसे ठीक नहीं कर सकती। यह न जाने का एक बहाना भर है और उससे भी कहीं अधिक घोर नासमझी है। इससे आपका व्यक्तित्त्व सिकुड़ जाएगा। ऐसा मत कीजिए। जब भी ऐसे मौके आयें, जाइए और यदि पढ़ना बहुत ही ज़रूरी हो, तो वहीं जाकर पढ़ने के लिए समय निकाल लीजिए।

☑ मैं जानता हूँ कि ज्यादातर विद्यार्थी यात्राओं पर नहीं जाना चाहते। वे जाना तो चाहते हैं, लेकिन जाने में होने वाली परेशानियों को नहीं चाहते। रास्ते की परेशानियाँ आपके लिए प्रशिक्षण का काम करती हैं। इनके बिना आपका जीवन एकांगी हो जाएगा। ***केवल किताबों से ही शिक्षा नहीं मिलती। उससे अधिक शिक्षा जीवन से मिलती है।*** पर्यटन एक जीती-जागती किताब होती है। एक नई जगह जाकर दो दिन में आप जितना जान लेते हैं, उतना आप उस स्थान के बारे में बीस दिन में बीस किताबें पढ़कर भी नहीं जान पाते। इसे आप समय की बर्बादी या पढ़ाई के रास्ते का रोड़ा क्यों मानते हैं ? यह तो अपने-आपमें ही एक जीती-जागती पढ़ाई है और एक ऐसी पढ़ाई है; जो जिन्दगी में सही मायने में काम आयेगी।

☑ यदि आपको एकान्त अच्छा लगता है, तो यह बुरी बात नहीं है। दिन भर में समय का एक छोटा-सा टुकड़ा ऐसा निकाल सकते हैं, जिसमें आप अकेले हों। आप चुपचाप बैठकर किसी और से नहीं, बल्कि खुद से ही बातें करें। अपने बारे में सोचें। अपना ही अवलोकन करें। जैसा भी अच्छा लग रहा है, वैसा करें, लेकिन रहें अकेले ही। इससे भी आपके अन्तर्मन की शक्ति बढ़ेगी और आपके मन की ग्रंथियाँ ढीली पड़ेंगी। नेताजी सुभाषचन्द्र बोस ऐसा करते थे। आप भी कर सकते हैं।

मैं नहीं जानता कि आप मेरी इन बातों पर कितना विश्वास करके इसे कितना अमल में लाएँगे, लेकिन मुझे यह ज़रूर लगता है कि आपको ऐसा करना चाहिए। यदि आप एक सम्पूर्ण और सार्थक जीवन जीने का सपना देखते हैं, तो आपका वह सपना इसके बिना धुँधला रह जाएगा। हो सकता है कि अभी आपको मेरी यह बात इतनी सही न लगे, लेकिन जैसे-जैसे आपकी उम्र बढ़ती जाएगी और आपमें समझदारी आती जाएगी, वैसे-वैसे आप मेरी इन बातों पर विश्वास करने लगेंगे, इसमें मुझे कोई संदेह नहीं है।

☑ सफलता और असफलता के बीच की सबसे बड़ी विभाजक रेखा को इन पाँच शब्दों में बताया जा सकता है कि ''मेरे पास समय नहीं है।''

- फील्ड

☑ समय पैसा है।

- बेंजैमिन फ्रैंक्लिन

☑ सामान्य आदमी समय को काटने के बारे में सोचता है, जबकि महान व्यक्ति सोचते हैं इसके उपयोग के बारे में।

- फ्रैंक्लिन

अध्याय 4

समय और व्यक्तित्व

समय और व्यक्तित्त्व का रिश्ता बहुत ही विचित्र है। विचित्र इस मायने में कि जहाँ समय व्यक्तित्त्व को गढ़ता है, वहीं समय के प्रबंधन के लिए एक अलग ही तरह के व्यक्तित्त्व की ज़रूरत होती है। यह सोचना कि व्यक्तित्त्व ही सब कुछ है, वह समय से बड़ा है, सही नहीं होगा। ज्यादा सही यह होगा कि दोनों एक-दूसरे के पूरक हैं। इसीलिए तो यह कहा जाता है कि जो व्यक्ति अपने समय का पाबन्द नहीं है, उस पर शक किया ही जाना चाहिए।

समय गढ़ता है व्यक्तित्त्व को

आइए, देखें कि ऐसा कैसे होता है -

☑ समय अपने-आपमें एक प्रकार से अनुशासन का पर्यायवाची है। आपकी कक्षाएँ आठ बजे लगती हैं। आपको आठ बजे कक्षा में पहुँचना है। यदि आप देरी से पहुँचते हैं, तो उसे अनुशासनहीनता माना जाएगा।

☑ समय वचनबद्धता है। आपने किसी से कहा है कि आप उसका यह काम 15 अप्रैल तक कर देंगे। यदि आप सचमुच अपने समय के प्रति ईमानदार हैं, तो वह काम 15 अप्रैल तक कर ही देंगे। यानी कि आपने 15 अप्रैल का समय नहीं, बल्कि 15 अप्रैल तक करने का वचन दिया है।

☑ समय साहस भी है। आपने जोश-जोश में आकर कह दिया कि आप इस साल अपने साथी से अधिक नम्बर लाएँगे। आपने कह तो दिया, लेकिन अब इसको पूरा करने के लिए आपको बहुत साहस की ज़रूरत पड़ेगी, क्योंकि आपको यह काम इसी साल करके दिखाना है।

☑ ***समय मन पर नियंत्रण लगाने का सबसे शक्तिशाली अंकुश होता है।*** सुबह आपने फैसला किया है कि 'मैं आज इस पुस्तक को पूरा करूँगा।' दोपहर में दो बजे आपके पास आपका दोस्त आता है और फिल्म देखने जाने के लिए कहता है। आपका भी मन करता है कि फिल्म देखी जाए, लेकिन आपने फैसला किया है कि 'पुस्तक को आज ही पूरा करूँगा।' अब यदि आप इस वचन को निभाते हैं, तो आपको अपने उस मन पर अंकुश लगाना पड़ेगा, जो फिल्म देखने के लिए लालायित हो रहा है। ध्यान दीजिए कि यहाँ आपके इस मन पर अंकुश लगाने का काम 'पुस्तक को पूरा करना नहीं है' बल्कि पुस्तक को 'आज' पूरा करना है। यदि यह 'आज' नहीं होता, तब आप बड़े आराम से फिल्म देखने जा सकते थे और पुस्तक को कल पूरा कर सकते थे, लेकिन 'आज' के कारण ऐसा नहीं कर पा रहे हैं। इसके लिए आपको अपने मन को नियंत्रित करना पड़ रहा है।

☑ समय हमारे अन्दर आत्मविश्वास की शक्ति को जागृत करता है। परीक्षा के दिनों में आप अपनी इस शक्ति का अनुभव करते हैं। वैसे तो रात में दस बजे नींद आने लगती है। यदि पढ़ने के लिए जबर्दस्ती सुबह चार बजे उठ गये, तो टेबल पर बैठकर पढ़ने के बजाय नींद में झूमने का काम होता है, लेकिन परीक्षा के दिनों में ऐसा नहीं होता। चूँकि अब परीक्षा का समय आ गया है, इसलिए नींद, आलस्य, ऊब और जकड़न जैसी सारी बातें गायब हो गई हैं और चूँकि ये गायब हो गई हैं, इसलिए आपके अन्दर की शक्ति उभर गई है। शक्ति तो पहले भी थी, लेकिन इन लोगों ने उसका गला दबा रखा था। अब ये हट गये हैं, तो शक्ति उभर गई है और इसको उभारने का काम किया है, परीक्षा की तारीख ने यानी कि समय ने।

☑ समय गतिशीलता का बहुत बड़ा आधार है। वैसे तो हम चुप बैठे रहते हैं या किसी काम को टालते रहते हैं, लेकिन जैसे ही समय

निश्चित हो जाता है, टालना बन्द हो जाता है। हम सक्रिय हो जाते हैं, भले ही उतना न हो सकें जितना होना चाहिए। फिर भी कुछ न कुछ तो हो ही जाते हैं। जैसे-जैसे बारात आने का समय होने लगता है, घरातियों की भागदौड़ बढ़ जाती है। जैसे ही स्टेशन आने वाला होता है, हम अपना बिखरा हुआ सामान बाँधने लगते हैं। इस तरह समय हमारी जड़ता को तोड़कर हमें गतिशील कर देता है। भगवान राम को जैसे ही पता लगा कि यदि सीता को एक माह के अन्दर रावण की कैद से मुक्त नहीं कराया गया, तो रावण सीता को मार डालेगा, वैसे ही भगवान श्रीराम सक्रिय हो जाते हैं और एक महीने के अन्दर रावण को मारकर सीता को मुक्त करा लाते हैं।

☑ तो मित्रों, छोटी-मोटी चीज़ नहीं है-समय। हालाँकि समय तो समय ही है, लेकिन यह हमारी जिन्दगी में कुछ इस प्रकार और इतने गहरे रूप से घुलमिल गया है कि उसका प्रभाव चारों तरफ दिखाई देता है। इसीलिए तो उसमें इतनी ताकत है कि वह हमारे भाव और विचारों को भी बदल सकता है। मान लीजिए कि आपने कहीं सुबह आठ बजे पहुँचने का वचन दिया है। उसी दिन सुबह आठ बजे आपकी माँ आपसे मन्दिर चलने के लिए कहती हैं। अब आपको इन दोनों में से एक को चुनना है। यदि आप अपने द्वारा दिये गये समय का पालन करते हैं, तब आपके मन में इस बात का भय बैठ जाएगा कि कहीं ऐसा न हो कि भगवान जी नाराज हो जाएँ और कुछ अनिष्ट कर दें। यदि आप भगवान से डरकर मन्दिर चले जाते हैं, तो अपने मित्र को दिए गये समय का पालन नहीं कर पाते। यदि आप अपने दिये गये वचन का पालन करते हैं, तो सोचकर देखिए कि उसके लिए आपको अन्दर से कितनी हिम्मत जुटानी पड़ेगी। यहाँ आप अपनी माँ के ही विरोध में नहीं, बल्कि एक प्रकार से ईश्वर के विरोध में खड़े हो रहे हैं और यदि आपने ऐसा कर लिया और आपका कोई अनिष्ट नहीं हुआ, तब धीरे-धीरे आपकी हिम्मत बढ़ने लगेगी और आप यही करने लगेंगे। यानी कि ईश्वर के प्रति आपके विचारों में परिवर्तन आने लगेगा।

☑ यह आपके चरित्र और ईमानदारी का प्रमाण भी प्रस्तुत करता है।

ब्रिटेन के प्रधानमंत्री चर्चिल के मंत्रिमंडल में एक निर्माण और यातायात मंत्री थे, जिनका नाम था – सर एडवर्ड टॉमस। उनके दोस्त ने निर्माण का एक ठेका लिया। मंत्री ने उनसे कहा कि वह निश्चित समय पर आकर अपने ठेके का आर्डर ले जाए। वह ठेकेदार; जो उनका बहुत घनिष्ठ मित्र भी था, अपने निर्धारित समय से कुल छह मिनट की देरी से पहुँचा। मंत्री ने उससे मिलने से इंकार कर दिया और यह कहते हुए उसके ठेके को भी निरस्त कर दिया कि 'तुम छह मिनट लेट हो। जाहिर है, तुम काम समय पर पूरा नहीं करोगे।' यहाँ समय का पालन न करना उसके चरित्र की सबसे बड़ी कमजोरी बन गई।

☑ आपको कहीं सुबह 10 बजे किसी से मिलने पहुँचना है। वह व्यक्ति आपका इन्तज़ार कर रहा है। आप वहाँ 10.15 बजे पहुँचते हैं। बीच के इन पन्द्रह मिनटों में वह व्यक्ति आपका इन्तज़ार कर रहा है। चूँकि उसने इस समय को आपके लिए सुरक्षित रखा हुआ था, इसलिए किसी अन्य को नहीं दिया। चूँकि वह आपका इन्तज़ार कर रहा है, इसलिए कोई दूसरा काम भी नहीं कर पा रहा है। आप पन्द्रह मिनट देरी से पहुँचते हैं। आप देरी से पहुँचने का कारण बताकर माफी माँगते हैं। वह माफ भी कर देता है, लेकिन याद रखिए कि आप उसके पास जिस काम से गए थे, वह काम अब उतने अच्छे तरीके से पूरा नहीं होगा, क्योंकि इस देरी के कारण आपके प्रति उसकी भावना बदल चुकी है। आप अनजाने ही अब उसके लिए उतने विश्वसनीय नहीं रह गये हैं।

☑ ठीक यही स्थिति पन्द्रह मिनट जल्दी पहुँचने पर भी होगी। आपके पास समय अधिक था, तो आप जल्दी पहुँच गये, लेकिन यह तो ज़रूरी नहीं है कि उसके पास भी समय अधिक था। वह तो अपने काम में लगा हुआ है। हालाँकि आप आ गये हैं, तो वह आपका स्वागत करेगा ही, लेकिन निश्चित रूप से अनमने भाव से। यदि देरी से आना लापरवाही को व्यक्त करता है, तो समय से जल्दी आना भी आपकी जल्दबाजी को या फिर समय के प्रति आपकी लापरवाही को व्यक्त करता है।

☑ समय आपके मन को ही नहीं, आपके मस्तिष्क को ही नहीं, बल्कि आपकी भावनाओं को भी नियंत्रित करने का काम करता है। वह उसे भी निश्चित साँचे में ढालने में अपनी भूमिका निभाता है। आपको दोपहर में तीन बजे एक व्याख्यान सुनने जाना है, जो आपको बहुत पसन्द है। दो बजे आपकी मित्र का फोन आता है- फिल्म देखने के लिए। आप अपने इस मित्र को बहुत चाहते हैं। अब आप क्या करेंगे? यदि आप व्याख्यान में जाते हैं, तो निश्चित रूप से आपको अपनी भावनाओं पर काबू रखना पड़ेगा और इस बात के लिए भी तैयार रहना पड़ेगा कि आपकी मित्र आपसे नाराज होकर शायद हमेशा-हमेशा के लिए आपसे बात करना बन्द कर दे।

तो देखा आपने कि किस प्रकार यदि आप समय को साधने लगते हैं, जो जाने-अनजाने में आपका अपना व्यक्तित्व सधने लगता है। मैं तो यह मानकर चलता हूँ कि यदि आपको अपने व्यक्तित्व में अन्दरूनी और सकारात्मक परिवर्तन लाने हैं, तो यह फैसला कर लीजिए कि 'मैं समय की प्रतिबद्धता का पालन करूँगा।' देखिए कि कैसे चीजें धीरे- धीरे बदलने लगेंगी। यहाँ आप यह न सोचें कि ऐसा करना मुश्किल है। मुश्किल बिल्कुल भी नहीं है। आप खुद ऐसा करते हैं। परीक्षा हॉल में आप समय पर पहुँचते हैं। इन्टरव्यू देने में भी देरी नहीं करते। यदि रेल्वे स्टेशन पर देरी से पहुँचेंगे, तो ट्रेन छूट जाएगी। यदि आप ये सभी काम निर्धारित समय पर कर रहे हैं, तो इसका मतलब यह हुआ कि आपके अन्दर यह गुण पहले से ही मौजूद है। बीज तो पहले से ही पड़ा हुआ है। ज़रूरत केवल उसे अंकुरित करके, पाल-पोस करके एक बड़ा वृक्ष बनाने भर की है। जिस दिन यह वृक्ष बन जाएगा, उसी दिन आपके जीवन की गुणवत्ता एकदम बदल जाएगी। आप ऐसा कीजिए।

तो आइए, अब हम देखते हैं कि हमारे व्यक्तितत्व में वे कौन-कौन से गुण होने चाहिए, जो समय के प्रबन्धन के बारे में ज़रूरी हैं और बहुत कुछ मददगार भी।

तोड़िए संकोच को

संगीतकार नौशाद ने व्यक्तिगत मुलाकात में मुझे बताया था कि वे बहुत संकोची व्यक्ति थे। मुम्बई संगीतकार बनने गये थे। वे जिस खोली में रहते थे, उसके ठीक सामने सड़क के उस पार एक फिल्म– स्टूडियो था। उन्होंने बताया कि 'उस सड़क को पार करने में मुझे सवा साल लग गये।' संकोच के कारण वे स्टूडियो में जाने से कतराते रहे और अन्तत: उन्हें जाना ही पड़ा। यदि नहीं जाते, तो आज हम उन्हें जान नहीं रहे होते। क्या इसका मतलब यह नहीं हुआ कि नौशाद ने संगीतकार बनने में सवा साल की देरी कर दी?

यदि आप संकोची हैं, तो इसे अपना गुण या बड़प्पन या विनम्रता मत समझिए। विनम्रता एक अलग और बहुत बड़ा गुण होता है। यह तो एक शक्ति है। जबकि संकोच एक कमजोरी है। विनम्र वही होगा, जो साहसी होगा, जबकि संकोची वह होगा, जो भयभीत होगा। मैंने बहुत से ऐसे संकोची भी देखे हैं, जो अपने से बड़ों को नमस्कार करने में भी संकोच करते हैं। यह अव्यावहारिकता है। यह आपके अन्दर की जड़ता है, जो आपके व्यवहार को जकड़कर आपकी गतिशीलता को समाप्त कर देती है।

आप खुद सोचकर देखिए कि केवल संकोची स्वभाव के कारण आपने अपनी जिन्दगी में कितने खूबसूरत अवसर गवाँ दिए हैं। आप कहीं जा रहे हैं। रास्ता नहीं मालूम, लेकिन पूछने में संकोच हो रहा है। नतीजे में आप भटक रहे हैं। भटकते-भटकते पहुँच भले ही जाएँ, लेकिन समय तो ज़्यादा लगेगा न। आप कक्षा में बैठे हुए हैं। जो पढ़ाया जा रहा है, वह समझ में नहीं आ रहा है, लेकिन आप खड़े होकर पूछते नहीं हैं, क्योंकि आपको संकोच हो रहा है। गहरे में उतरकर देखिए तो आपको पता चलेगा कि यहाँ आपको संकोच हो रहा है या भय। आखिर इसमें नुकसान किसका हुआ? अब आप इसी बात को घर में जाकर समझने की कोशिश करेंगे, तब पहले से बहुत अधिक समय लगेगा। फिर भी इस बात की कोई गारण्टी नहीं कि

आप समझ ही जाएँगे। इस प्रकार आप अपना समय खराब कर रहे हैं। क्या ऐसा नहीं है?

याद रखिए कि यह संकोच केवल आपके समय को ही समाप्त नहीं करता, बल्कि आपके व्यक्तित्व को भी कमज़ोर बनाता है। इसका खामियाजा आपको अपने जीवन में आगे चलकर भुगतना पड़ सकता है। खासकर साक्षात्कार तो आपके लिए पहाड़ जैसा बन जाएगा। इसलिए बिना इस बात की परवाह किए कि 'लोग क्या कहेंगे', आप अपनी बात कहिए। हाँ, यह बात अलग है कि उसे पूरी विनम्रता के साथ कहिए, लेकिन कहने से बचिए नहीं। अन्यथा आपका ढेर सारा समय केवल इसी बात का फैसला करने में निकल जाएगा कि 'कहूँ या न कहूँ।' और मजेदार बात यह है कि आप अन्त में भी यही निर्णय लेंगे कि 'नहीं कहता'। इस प्रकार एक अच्छा-खासा अवसर आपके हाथ से हमेशा-हमेशा के लिए चला जाएगा।

चलना ही जिंदगी है

तालाब का पानी गन्दा हो जाता है, क्योंकि वह बहता नहीं। चूँकि वह बहता नहीं, इसलिए उसका पानी जहाँ का तहाँ ही बना रहता है, जबकि नदी का पानी साफ रहता है और न जाने कहाँ से चलकर कहाँ पहुँच जाता है, क्योंकि वह बहता है। बहाव में ही शुद्धता है, बहाव में ही जीवन है और बहने में ही नदी के कल-कल का संगीत भी। मतलब यह कि ***यदि गति है, तो जीवन है और गति नहीं है, तो वह जड़ है, मृत है।***

निश्चित रूप से गतिशील होने में तकलीफ तो होगी, लेकिन मैं समझता हूँ कि गतिशील न रहने में शायद उससे भी अधिक तकलीफ हो जाती है। इसके बावजूद ज्यादातर विद्यार्थी गतिहीनता को ही पसन्द करते हैं। वे अपने स्थान से हिलना नहीं चाहते। वे अपने स्थान से दूसरी जगह जाना नहीं चाहते। वे अपने आसपास के वातावरण के, अपनी चल रही जीवन पद्धति के; चाहे वह कितनी ही बेकार क्यों न हो, इतने अधिक अभ्यस्त हो

जाते हैं कि उससे निकलने में उन्हें बहुत तकलीफ़ होने लगती है और बस यहीं जीवन के सारे अवसर और सारा समय उन्हें छोड़कर किसी और के पास चला जाता है।

'होम सिकनेस' इसी तरह की गतिहीनता का सबसे अच्छा, किन्तु सबसे बुरा उदाहरण है, जिसके शिकार होकर न जाने कितने विद्यार्थियों ने अपने अच्छे भविष्य के साथ गलत सौदेबाजी कर ली है। मैंने एक विद्यार्थी के माँ-बाप से बात करके उसे सी.ए. करने के लिए जबर्दस्ती दिल्ली भेजा। वह गया, लेकिन दो महीने बाद लौट आया, क्योंकि उसका वहाँ मन नहीं लगा। आज वह पछताता है, लेकिन अब पछताने से क्या होगा।

अमेरिका के महान कहानीकार ओ हेनरी ने इस बात को स्वीकार किया है कि 'न्यूयार्क की गलियों ने मुझे कहानीकार बनाया।' हेनरी फोर्ड एक बैलगाड़ी में अपना सारा सामान और हाँ, परिवार को भी लादकर अपना गाँव छोड़कर शहर आ गये, तभी वे एक समय दुनिया के सबसे धनी आदमी (फोर्ड कार के निर्माता) बन सके। एडीसन तो डेट्रॉइट शहर में अकेले उस समय आ गये थे, जब वे केवल बारह साल के ही थे।

मेरे कहने का मतलब यह नहीं है कि आप भी अपने गाँव को छोड़कर शहर आ जाइए। मेरे कहने का मतलब केवल इतना है कि आप जो काम कर रहे हैं, उसके लिए जहाँ भी जाना हो, खुले और प्रसन्न मन से जाएँ, क्योंकि तभी आप उस काम को अच्छी तरह से कर सकेंगे। तभी आपके समय का सही उपयोग हो सकेगा। **घर के प्रति मोह होना गलत बात नहीं है, लेकिन उसे अपनी कमज़ोरी बना लेना गलत है।** वह आपकी शक्ति होनी चाहिए। मैंने देखा है कि गाँव से शहर में आकर पढ़ने वाले विद्यार्थी हर एक-दो महीने बाद किसी न किसी बहाने अपने घर जाते रहते हैं। मुझे लगता है कि ऐसा करके वे न केवल अपनी कमज़ोरी का प्रमाण प्रस्तुत कर रहे होते हैं, बल्कि उससे कहीं अधिक अपना समय भी नष्ट कर रहे होते हैं। आपको चाहिए कि यदि आपके संस्थान ने छुट्टी भी घोषित की है, तो उसका कोई सार्थक उपयोग करें। बार-बार घर जाने को मैं सार्थक उपयोग नहीं मानता।

यह तो आप जानते ही हैं कि समय निरन्तर बहने वाला तत्त्व है। वह

एक क्षण के लिए भी कहीं नहीं टिकता। तो स्वाभाविक है कि ऐसे में भला वह जड़ लोगों के साथ अपनी दोस्ती कैसे निभा सकेगा। गति की तो दोस्ती गति के साथ ही होगी। कछुआ और खरगोश दोस्त नहीं हो सकते। ***यदि आपको समय के साथ मित्रता निभानी है, तो स्वयं को गतिशील करना होगा।***

शारीरिक और मानसिक रूप से हमेशा गतिशील रहिए। जहाँ आप हैं और अपनी पढ़ाई कर रहे हैं, वहाँ की गतिविधियों में भी भाग लेना गतिशील होना है। अपने को कमरा, कुर्सी-टेबल और बिस्तर तक सीमित मत कीजिए। इससे आप जीवन के बहुत से खूबसूरत अवसरों को खो देंगे।

निर्मम बनिये, लेकिन अपने प्रति

आप यह मत सोचिए कि मैं आपको क्रूर होना सिखा रहा हूँ। यह मत समझिए कि मैं आपसे यह कह रहा हूँ कि ममता को छोड़ो। ममता तो मनुष्य का सार है। उसे भला कैसे छोड़ा जा सकता है, लेकिन यहाँ मैं जिस निर्ममता की बात कर रहा हूँ, वह निर्ममता दूसरों के प्रति नहीं, बल्कि स्वयं के प्रति की निर्ममता है। अक्सर हम सभी अपने प्रति बहुत कोमल रवैया रखते हैं। हम अपने को सही समझते हैं और बेचारा भी समझते हैं। इसलिए हम अपने प्रति सख़्त रवैया नहीं अपना पाते। माँ-बाप अक्सर अपनी सबसे छोटी सन्तान को लगातार माफ़ करते चलते हैं। इसीलिए सबसे छोटी संतान अधिकांशतः नकचढ़ी पाई गई है। इसी प्रकार हम स्वयं को माफ़ करके चलते रहते हैं और नतीजे. में खुद का बिगाड़ लेते हैं।

यहाँ निर्ममता से मेरा मतलब समय को निभाने के प्रति निर्ममता से है। आपने फैसला किया है कि सुबह पाँच बजे उठना है, तो सुबह पाँच बजे उठना ही है, फिर चाहे कितनी भी नींद क्यों न आ रही हो। आपने किसी को पाँच बजे मिलने का समय दिया है। आपको उससे मिलने पाँच बजे पहुँचना ही है, फिर चाहे आपके सिर में दर्द हो रहा हो या बारिश हो

रही हो। पहुँचना है, मतलब पहुँचना है। बहाना बनाकर पहुँचने से बचना नहीं है और यदि कभी ऐसा कर भी लिया, तो फिर कुछ देर के लिए खुद के ही न्यायाधीश भी बन जाइए। अपने इस निर्णय के बारे में फैसला सुनाइए और दी गई सजा को भुगतिए भी।

आप पढ़ रहे हैं। पढ़ना चाहते हैं। आपका कोई दोस्त आपसे मिलने आ गया। अब आप क्या करेंगे? क्या आप इतने कठोर बन सकते हैं कि उसे कह दें कि 'दो घण्टे बाद आना।' मैं जानता हूँ कि आप नहीं कह सकते। इसके दो कारण हैं। पहला आपका यह भय कि दोस्त नाराज़ हो जाएगा। दूसरा यह कि आप भी यही चाहते हैं कि पढ़ने से मुक्ति मिल जाए। यदि आप अपने इन दो घन्टों को बचाना चाहते हैं, तो निश्चित रूप से आपको कठोर बनना पड़ेगा। अपने दोस्त के प्रति और अपने प्रति भी सख़्त रवैया अपनाना पड़ेगा।

आपको हमेशा यह सिखाया गया है कि दूसरों की बातें मानो। यह अच्छा गुण है और बहुत अच्छा गुण है, लेकिन समय के मामले में यह गुण उपयोगी नहीं रह पाता। यहाँ आपको थोड़ी व्यावहारिक नीति अपनानी पड़ेगी। यहाँ अपने अन्दर 'ना कहने' की आदत डालनी पड़ेगी। ऐसा नहीं होना चाहिए कि जिसने जब जो कह दिया, अपनी पढ़ाई-लिखाई छोड़कर उसी काम को करने लगे। आप उनसे कहिए कि मैं यह काम अभी नहीं (इमरजेन्सी न हुई तो) थोड़ी देर बाद कर दूँगा। ठीक इसी प्रकार यदि आपको कोई ऐसा प्रलोभन दे रहा है, जो आपके समय के हिसाब से ठीक नहीं बैठ रहा है, तो उसे भी 'ना' कहने की हिम्मत दिखाइये। लालच में आकर अपने ऊपर ज्यादा से ज्यादा बोझ मत लादिए। इससे आप अव्यवस्थित हो जाएँगे। यहाँ भी 'ना' कहना सीखिए।

आपने 'किलिंग इन्स्टिंक्ट' (मारकक्षमता) शब्द तो सुना ही होगा। यह व्यक्ति का ऐसा गुण है, जो अंतिम साँस तक बिना थके और बिना हारे जूझते रहने की ताकत देता है। समय के समुचित उपयोग के लिए इसका

होना बहुत ज़रूरी है। आप परीक्षा दे रहे हैं। चार प्रश्न अच्छे से बन गये, लेकिन पाँचवाँ प्रश्न बन नहीं रहा है। ऐसे में निराश होकर आप हथियार डाल देते हैं। इसका मतलब है कि आपमें किलिंग इन्स्टिंक्ट की कमी है। आप सोचिए। कोशिश कीजिए। जितना भी लिख सकते हैं, लिखिए। यह मत सोचिए कि लिखने के बदले यदि दो-तीन नम्बर मिल भी जाएँगे, तो क्या होगा। यह सोचना आपका काम है ही नहीं। आपको तो केवल यह सोचना है कि मुझे लिखना है और किसी भी तरह लिखना है। यह तो कोई नहीं जानता कि इन दो-तीन नम्बरों से आगे चलकर कितना फर्क पड़ जाएगा। हो सकता है कि (और ज़्यादातर यही होता है) ये दो-तीन नम्बर ही आपकी योग्यता के आधार बन जाएँ और इस प्रकार आपका पूरा एक साल बच जाए अन्यथा आपको साल भर तक प्रतीक्षा करनी पड़ेगी। खिलाड़ियों के साथ यही तो होता है। पी.टी.ऊषा ओलम्पिक में दौड़ का कांस्य पदक जीतने के लिए एक सेकेण्ड के सौंवें भाग से ही तो चूकी थीं और उनका यह चूकना उनके पूरे जीवन का चूकना बन गया। क्रिकेट मैच में आपने देखा है कि किस प्रकार अन्त में हार-जीत का फैसला केवल कुछ ही रनों पर निर्भर करने लगता है। उस समय जिस टीम के खिलाड़ियों में अंतिम साँस तक जूझने की, जूझते रहने की जितनी ज्यादा ताकत होती है, वह टीम जीत जाती है और यदि कोई टीम हार गई, तो उसे वर्ल्ड कप जीतने के लिए चार साल का इन्तज़ार करना पड़ेगा और तब भी क्या गारण्टी है कि वह जीत ही जाएगी ? हो सकता है कि कभी भी न जीत पाए।

यह किलिंग इन्स्टिंक्ट भी स्वयं के प्रति आन्तरिक रूप से निर्मम होने से ही आती है। दूसरों के प्रति नहीं बल्कि स्वयं के प्रति निर्मम होइए। ***खुद का दरोगा बनिए और खुद का न्यायाधीश भी।*** अपने को सहलाइए नहीं। सच को स्वीकार कीजिए। आप पाएँगे कि इससे आपका व्यक्तित्व बहुत ठोस, मजबूत और चमकदार बनने लगा है। इससे ही आप समय को अपनी मुट्ठी में रखने लायक बन सकेंगे। यही आपको निरन्तर अपने उद्देश्यों से जोड़े रख सकेगा। आइये, देखते हैं कि यह कहानी हमसे क्या कहती है।

हूवर इंजीनियर बन चुके थे, लेकिन बेरोज़गार थे। पैसों की बहुत तंगी थी। वे नौकरी की तलाश में एक उद्योगपति के पास गए और उससे अनुरोध किया कि यदि आपके कारखाने में इंजीनियर का स्थान रिक्त हो तो कृपया मुझे रख लें। उद्योगपति ने कहा, 'युवक, इस समय मेरे पास किसी इंजीनियर का स्थान तो रिक्त नहीं है, किंतु एक टाइपिस्ट का स्थान अवश्य है। क्या तुम उस स्थान पर कार्य करना चाहोगे?' हूवर ने कहा, 'मैं उस स्थान पर कार्य करना चाहूँगा, किंतु चार दिन बाद ही उपस्थित हो सकूँगा। क्या आप चार दिनों तक प्रतीक्षा कर सकेंगे?' इस पर उद्योगपति, जो उनकी शालीनता से काफ़ी प्रभावित हुआ था, बोला, 'ठीक है। तुम चार दिन बाद भी आ सकते हो।'

हूवर अपने घर आए। उन्हें टाइप करना नहीं आता था, किंतु वे दृढ़ संकल्प के धनी थे। उन्होंने दिन देखा न रात, टाइप के अभ्यास में जुट गए। अनवरत अविराम। चौथे दिन वे काम पर उपस्थित हो गए। उन्हें टाइप करने के लिए एक काग़ज दिया गया। एक भी भूल नहीं हुई। वे नौकरी पर रख लिए गए। यह किस्सा है हर्बर्ट हूवर का, जो आगे चलकर अमेरिका के 31वें राष्ट्रपति बने।

साहस का जवाब नहीं

मैं यदि आपसे यह पूछूँ कि सफलता के लिए कौन-सी बात सबसे अधिक अहमियत रखती है, तो ज्यादातर का उत्तर होगा-साधन, तो कुछ लोगों का उत्तर होगा-सुविधाएँ, लेकिन मेरा उत्तर है-साहस। ***सफलता कभी भी सुविधा और साधन की मोहताज नहीं रही।*** यदि साहस है, तो बिना सुविधा और साधन के भी बात बन जाएगी और यदि साहस नहीं है, तो सुविधा और साधन भी कुछ नहीं कर सकते।

समय को साधने के बारे में वैसे तो साहस की ज़रूरत हर समय ही पड़ती है, लेकिन संकट की घड़ियों में सबसे अधिक। आपको रात में कहीं जाना है, लेकिन डर के मारे जा नहीं पा रहे हैं। यहाँ साहस चाहिए। यदि आप साहस नहीं जुटा पाये, तो इससे आपका समय तो खराब होगा, लेकिन शायद बहुत ज्यादा नहीं, किन्तु यदि आपने आपातकाल में अपना साहस खो दिया,

तो आपका न केवल वही समय खराब होगा, बल्कि हो सकता है कि सारा भविष्य ही खराब हो जाए, क्योंकि ***आपातकाल में ही परिवर्तन की सबसे ज्यादा सम्भावनाएँ निहित रहती हैं।***

कोई संकट आ गया है। निश्चित रूप से दिमाग परेशान हो जाएगा। परेशान दिमाग कभी भी सही नहीं सोच सकता। ऐसे में केवल साहस ही आपका सच्चा साथी हो सकता है। ***साहसी व्यक्ति की सबसे अच्छी बात यह होती है कि आत्मविश्वास से भरे हुए ये लोग घबराते नहीं। अपना सन्तुलन बनाए रखते हैं।*** जब तूफान गुजर जाता है, तब आँखें खोलकर चारों तरफ का अच्छी तरह से जायजा लेकर आगे की यात्रा करने के बारे में सोचते हैं। ये लोग 'लुट गये, लुट गये' का रोना नहीं रोते, बल्कि यह कहते हैं कि 'जो हो गया सो हो गया। अब आगे का देखते हैं।'

आपको परीक्षा में आठ पेपर देने हैं। पहला पेपर बहुत खराब हो गया। आपको लग रहा है कि 'फेल हो जाएँगे।' एक विद्यार्थी के लिए यह संकट की ही घड़ी है। परीक्षा के दिन हैं। आप बीमार पड़ गये हैं। यह भी संकट की ही घड़ी है। परीक्षा चल रही है। पिताजी बहुत बीमार हैं। यह भी संकट की घड़ी है। इस तरह जीवन में न जाने क्या-क्या होता रहता है। अब यदि आपने अपना मानसिक सन्तुलन खो दिया, तो आपका पूरा का पूरा साल नष्ट हो जाएगा। यही परीक्षा आपको एक साल बाद फिर देनी पड़ेगी।

ऐसे समय में आप केवल यही कर सकते हैं कि अपने अन्दर मानसिक ताकत पैदा करें और उन बुरी से बुरी स्थितियों में जितना अच्छे से अच्छा हो सके, करने की कोशिश करें। मैं जब ग्यारहवीं बोर्ड (उस समय बारहवीं के स्थान पर ग्यारहवीं बोर्ड हुआ करती थी) की परीक्षा दे रहा था, तो बीच में मुझे चेचक की बीमारी हो गयी। मैं निराश तो हुआ, लेकिन मैंने साहस नहीं खोया। मुझे अलग कमरे में लिखने वाले व्यक्ति के सहयोग से परीक्षा देने की अनुमति मिल गई। मेरी स्थिति बहुत खराब थी। आँखें खुल नहीं रही थीं और आवाज़ भी नहीं निकल रही थी। दिमाग घूम रहा था। ऐसे में मैंने परीक्षा में पूछे गये केवल वस्तुनिष्ठ प्रश्नों को ही किसी तरह हल करने की ठानी, ताकि मुझे कम से कम इतने नम्बर तो मिल ही जाएँ कि पहले पेपर और दूसरे पेपर के अंकों

को मिलाकर मैं पास हो सकूँ। मैंने ऐसा किया और पास हो गया। क्या मेरा एक साल नहीं बच गया ? यदि मैं ऐसा नहीं करता, तो निश्चित रूप से फेल हो गया होता और इसके बाद क्या हुआ होता, मैं नहीं जानता।

धीरे-धीरे रे मना

मेरे बेटे को ग्यारह बजे की बस पकड़कर अपने प्रशिक्षक के पास साढ़े ग्यारह बजे पहुँचना था। 10.45 बजे मैंने उसे बस स्टाप पर छोड़ने के लिए कहा। ठीक उसी समय उसकी मम्मी चाय ले आईं। मैंने उससे कहा कि चाय पीकर बस पाँच मिनट बाद चलता हूँ। उसे लगा कि उसकी बस छूट जाएगी। गुस्से में आकर वह पैदल ही बस स्टाप के लिए चल दिया। मैंने चाय पी। अपनी गाड़ी ली और बस स्टाप पहुँच गया। मेरा बेटा बस स्टॉप पर मुझसे बाद में पहुँचा।

नाई की दुकान पर आठ लोग बाल बनवा रहे थे और बारह लोग अपनी बारी का इन्तजार कर रहे थे। इनमें मैं भी था। इसी बीच दो लड़के बाल बनवाने आए। उस भीड़ को देखकर शायद वे घबराए और चले गये। लगभग पन्द्रह मिनट बाद वे फिर यहीं लौटे। मैंने उनसे बात की। उन्होंने बताया कि वे कम भीड़ वाली नाई की दुकान पर गये थे। वहाँ चार लोग इन्तज़ार कर रहे थे, लेकिन उनकी बारी आने में एक घण्टा लगता, क्योंकि वहाँ बाल बनाने वाला एक ही आदमी था। इसलिए वे यहाँ आ गये हैं। अब वे और भी अधिक पिछड़ गये थे, क्योंकि अभी भी प्रतीक्षा करने वालों की संख्या बारह ही थी, लेकिन यहाँ अब उन्हें कम समय प्रतीक्षा करनी पड़ेगी, क्योंकि बाल बनाने के काम में आठ लोग लगे हुए। भीड़ तो है। प्रतीक्षा करते हुए बारह लोग दिखाई दे रहे हैं, लेकिन गलती से इन लड़कों को उस समय बाल बना रहे आठ लोग दिखाई नहीं दिए।

इन दोनों ही सच्ची घटनाओं में दोनों के समय का जो नुकसान हुआ, उसके पीछे इन दोनों में ही धैर्य का न होना था। आखिर मेरा बेटा मुझसे बाद

में पहुँचा। वह चाय पीने तक धैर्य धारण नहीं कर सका। वे लड़के भी लौटकर उसी नाई की दुकान पर आए, क्योंकि प्रतीक्षा करने का धैर्य उनमें नहीं था। ***जिनमें धैर्य नहीं होगा, वे इस खम्भे से उस खम्भे तक और उस खम्भे से इस खम्भे तक भागते रहने में ही अपना सारा अमूल्य समय गँवा देंगे, पहुँचेंगे कहीं नहीं।***

धैर्य प्रकृति का नियम है। समय आने पर ही बेर पकते हैं, गीदड़ की जल्दबाजी में नहीं। माली बगीचे को सींचता रहता है। उनमें फल और फूल तो ऋतु आने पर ही लगते हैं। किसान समय-समय पर खेत को जोतता रहता है। फसल तो बरसात में ही होती है। अब यदि आप जल्दबाज़ी करेंगे, तो न केवल भविष्य में लगने वाले फल-फूल को भी नष्ट कर देंगे, बल्कि अपने वर्तमान को भी खत्म कर देंगे, क्योंकि आप अभी जो भी करने में अपना समय लगा रहे हैं, उसका कोई नतीजा नहीं निकलना है, ***जिनमें धैर्य होता है, उन्हीं में प्रतीक्षा करने की क्षमता होती है और जिनमें प्रतीक्षा करने की क्षमता होती है, वही अपनी जिन्दगी में कुछ हासिल कर पाते हैं*** अन्यथा पूरी जिन्दगी 'आधी छोड़ एक को धावे, आधी रहे न पूरी पावे' की पद्धति पर भागती-फिरती रहती है। इसके लिए मैं आपको महान समाज सुधारक मार्टिन लूथर किंग के उन शब्दों की याद दिलाना चाहूँगा, जिन्होंने कहा था कि 'यदि मुझे यह पता लग जाए कि दुनिया कल समाप्त हो जाएगी, तब भी मैं पेड़ ही लगाना चाहूँगा।' इतना धैर्य था उनमें और इसीलिए तो वे महान बन सके।

धैर्य रखिए। धैर्य रखने का अभ्यास कीजिए। इसे छोड़कर उसे और उसे छोड़कर इसके चक्कर में मत पड़िए। इससे बेकार में आपका समय बर्बाद होगा। जिस टॉपिक को पढ़ रहे हैं, उसे पूरे धैर्य के साथ पढ़िए और समझिए। ऐसा नहीं होना चाहिए कि इसमें मन नहीं लग रहा है, तो इसको छोड़कर उसे पढ़ने लगे। जो कुछ भी कीजिए, धैर्य के साथ कीजिए, बेचैनी और अस्थिरता के साथ नहीं।

जुड़िए और जोड़िए

किसी के साथ जुड़ना ही सहयोग है। इसका अर्थ है, सह+योग। जब हमें सहयोगी मिल जाते हैं, तब हमारी ताकत कई गुना बढ़ जाती है। इससे हम वहाँ-वहाँ तक फैल जाते हैं, जहाँ-जहाँ हमारे सहयोगी रहते हैं। आप भोपाल में हैं, लेकिन आपका एक दोस्त इंजीनियर बनकर न्यूजर्सी में बैठा हुआ है। तो क्या इसका मतलब यह नहीं हुआ कि एक प्रकार से आप भी न्यूजर्सी में ही बैठे हुए हैं ? वहाँ आपको कोई भी काम होगा, वह दोस्त कर सकता है। आपको वहाँ जाने की ज़रूरत नहीं पड़ेगी। यदि आप जाते, तो इसमें लगभग एक सप्ताह लग जाता, लेकिन आपका वह काम आपके उस दोस्त ने कर दिया। तो क्या इससे आपके एक सप्ताह की बचत नहीं हो गई ? फिर जो पैसा बचा और जिस परेशानी से आप बचे, वह तो अलग ही है।

लेकिन ***यह मत भूलिए कि लोग आपका सहयोग करें, इसके लिए यह बहुत ज़रूरी है कि आप भी लोगों का सहयोग करें।*** यह दोनों तरफ से होता है। आप अपने भाव, विचार, व्यवहार और व्यक्तित्त्व को जितना अधिक सहयोगात्मक बना सकेंगे, आपको दूसरों से उतना ही अधिक सहयोग मिल सकेगा और आपको जितना दूसरों से सहयोग मिल सकेगा, आपकी जिन्दगी में उतने ही अधिक घण्टे, दिन, महीने और वर्ष बढ़ जाएँगे।

यह बात मैं विशेषकर इसलिए लिख रहा हूँ, क्योंकि मैंने अक्सर विद्यार्थियों को यदि कुछ मित्र बनाते हुए पाया है, तो कुछ को विरोधी बनाते हुए भी। मित्र बनाना बहुत अच्छी बात है, लेकिन विरोधी बनाने को अच्छी बात नहीं कहा जा सकता। इससे आप न केवल उस अपने विरोधी से मिलने वाले सहयोग से ही वंचित हो जाते हैं, बल्कि आपकी ढेर सारी ऊर्जा और समय भी उसका विरोध करने में बेकार जाता है । इससे बचना चाहिए। थोड़े विनम्र बनकर, थोड़ा धैर्यवान बनकर, थोड़ा सन्तुलन रखकर, थोड़ा बर्दाश्त करके और थोड़ा व्यावहारिक बनकर आप ऐसा कर सकते

हैं और आपको ऐसा करना ही चाहिए।

हमेशा सजग रहें

यहाँ 'सजगता' से मेरा मतलब शारीरिक सजगता से नहीं, बल्कि मानसिक सजगता से है। हमारा शरीर सजग रहता है, लेकिन ज्यादातर समय हम मानसिक रूप से सजग नहीं रहते। इसका मतलब यह नहीं है कि हमारा मस्तिष्क सो जाता है, बल्कि यह है कि हम लगे तो किसी एक काम में रहते हैं, लेकिन हमारा दिमाग स्वयं को किसी दूसरे काम में लगा लेता है। इसका नतीजा यह होता है कि हम जिस काम के लिए अपना समय दे रहे हैं, हमें उस समय का पूरा प्रतिफल नहीं मिल पाता। आप कक्षा में बैठे हुए हैं। शिक्षक पढ़ा रहे हैं, लेकिन यदि आप सजग नहीं हैं, तो आप उनकी पढ़ाई हुई बातों को सुन तो पूरा रहे हैं, लेकिन पूरी तरह समझ नहीं पा रहे हैं। 45 मिनट की इस क्लास में आपने केवल 15 मिनट की ही बातों को समझा। इस प्रकार आपके 30 मिनट बेकार हो गये।

सजगता व्यक्तित्त्व का एक बहुत अहम् गुण है। अभ्यास करने से धीरे-धीरे यह अपने-आप आ जाता है। आप जिस काम में भी लगे हुए हैं, अपने को बार-बार याद दिलाने की कोशिश कीजिए कि 'मैं यह काम कर रहा हूँ'। इस प्रकार याद दिलाते रहने से बन्दरों की तरह इधर- उधर उचकता हुआ आपका मन सही डाल पर आ जाएगा। थोड़ी देर बाद वह फिर भटकेगा। उसे फिर याद दिलाइए। वह फिर आ जाएगा। इस प्रकार याद दिलाने की इस डोरी को बार-बार खींचकर आप अपने मन के बन्दर को अपनी ज़रूरत की जगह पर बैठाए रख सकेंगे। ऐसा करके आप निश्चित तौर पर अपने दोस्तों के बीच अपना एक अलग स्थान बना लेंगे। साथ ही अपने शिक्षक की निगाह में भी। स्वाभाविक है कि परीक्षा के परिणाम तो बेहतर होंगे ही।

तो मैंने यहाँ व्यक्तित्व के कुछ महत्त्वपूर्ण गुणों को आपके सामने रखा

है। कोशिश कीजिए कि ये गुण धीरे-धीरे आपके अन्दर आते चले जाएँ। आप देखेंगे कि आपके लिए सफलता कितनी आसान-सी बात हो गई है।

जुट जाएँ करने में

आमतौर पर हम सभी अपने-अपने कामों को पूरा करने में लगे रहते हैं। आपने भी अनुभव किया होगा कि यदि आप साल भर अपनी पढ़ाई करते रहते हैं, तो आपकी पढ़ाई पूरी हो जाती है। यह एक अच्छी बात है कि हम अपने काम को रोज़ कुछ न कुछ निपटाएँ ही।

लेकिन यहाँ मैं जो बात आपसे विशेष रूप से कहने जा रहा हूँ वह यह है कि यदि हम कुछ समय के लिए मूल काम को करने में जुट जाएँ, हाथ-मुँह धोकर उस काम के पीछे पड़ जाएँ, उसका पिण्ड ही न छोड़ें, तो बात कुछ अलग ही हो जाती है। हालाँकि काम तो धीरे-धीरे करने में ही होते हैं, लेकिन जुट जाने की बात एकदम भिन्न होती है और आप ऐसा करते भी हैं। आखिर परीक्षा के एक-दो महीने पहले आप उसी तरह से तो नहीं पढ़ते जैसा कि परीक्षा के आठ-नौ महीने पहले पढ़ते थे। जैसे-जैसे परीक्षा नजदीक आती जाती है, आप उस काम में जुट जाते हैं।

मेरा यहाँ आपसे अनुरोध यह है कि जुटने का जो काम आप परीक्षा के एक-दो महीने पहले कर रहे हैं, उसे एकाध-दो महीने की बजाय परीक्षा से तीन महीने पहले करके देखिए। यदि आपको मज़ा न आए तो मुझे बताइएगा। आपसे यह बात मैं अपने अनुभव और इस पर किए गए अपने प्रयोगों के आधार पर कह रहा हूँ।

फिल्मों पर मैंने किताबें लिखी हैं। जाहिर है कि मैं फिल्मों पर पढ़ता भी था। लेकिन पढ़ना उस तरह से नहीं हो पाता था, जिस तरह से होना चाहिए था। इससे मेरा मन बेचैन भी हो जाता था। एक बार हुआ यूँ कि सन् 2000 में पूना के भारतीय फिल्म एवं टेलीविजन संस्थान में 27 दिनों के फिल्म एप्रीशिएशन कोर्स में मुझे दाखिला मिल गया। इस कोर्स में हम लोगों के

पढ़ने की शुरुआत सुबह नौ बजे से होती थी, जो चाय और भोजन करने के कुछ समय को छोड़कर रात के लगभग 11 बजे पूरी होती थी। यह कोर्स लगातार 27 दिनों तक चला, हर रविवार को छोड़कर। विश्वास कीजिए कि मैंने 27 दिनों में फिल्म के बारे में जितना जाना, समझा और सीखा उतना पिछले 27 सालों में भी नहीं सीख पाया था।

मेरे कहने का अर्थ यह कतई न लगायें कि रोज़ाना किए जाने वाले काम से बेहतर है कि एक बार ही जुटकर कर लिया जाए। यदि आप ऐसा समझ रहे हैं, तो मुझे दु:ख है कि मैं आपको अपनी बात सही तरीके से समझा नहीं पा रहा हूँ। मैं कहना केवल यह चाह रहा हूँ कि आप एक-एक रन भी लेते रहें, लेकिन यदि मौका मिलता है, तो छक्का लगाने के अवसर से न चूकें। एक सप्ताह, पन्द्रह दिन या एक महीने की एक ऐसी योजना भी बनायें जब काम के पीछे डण्डा लेकर पड़ जाएँ। तब आप देखेंगे कि आपका आउटपुट कितना अधिक बढ़ गया है।

अपने खिलाफ खड़ें हों

हम सभी अक्सर खुद से इतना मोह रखते हैं कि अपने ही विरुद्ध खड़े होने के बारे में कभी सोच ही नहीं पाते और यह आदत हमें अन्दर से इतना जड़ बना देती है, हमारे व्यक्तित्व में एक ऐसा ''इनरशिया'' पैदा कर देती है कि उसके चक्कर में फँसकर हम कहीं के नहीं रह जाते और हमारा सारा समय यूँ ही नष्ट होता रहता है। मज़ेदार बात तो यह है कि हम अपनी इस जड़ता के पक्ष में ढेर सारे खूबसूरत तर्क भी इकट्ठे कर लेते हैं।

यदि कोई मानसिक या शारीरिक रूप से विकलांग है, तब तो उसे जड़ बने रहने का सबसे जबर्दस्त आधार मिल जाता है। लेकिन आपको जानकर आश्चर्य होगा कि जिन लोगों ने अपने जीवन के महत्त्व को समझा, जिन लोगों ने समय के महत्त्व को समझा, उन लोगों ने अपनी इन शारीरिक अक्षमताओं को भी अपनी उपलब्धियों की चौहद्दी बनने नहीं दिया। मुझे लगता है कि ऐसे कुछ लोगों के बारे में जानना आपको अच्छा लगेगा।

अमेरिका के राष्ट्रपति रूज़वेल्ट पोलियो के शिकार थे और भारतीय क्रिकेट टीम के प्रसिद्ध गेंदबाज़ चंद्रशेखर भी। हेलन केलर जहाँ जीवन भर व्हील चेयर पर रहीं, वहीं घुटनों के ऊपर तीन इंच तक का पैर कट जाने के बावजूद सुधा चंद्रन नुत्यांगना बनीं। आइंस्टीन के पुनरावतार कहे जाने वाले महान खगोलविद् स्टीफ़न हॉकिंग को व्हील चेयर क़ैद नहीं रख सकी। उनका कहना था कि ''मेरा शरीर भले ही इस कुर्सी में कैद है, किंतु मेरी चेतना इंटरनेट के सहारे ब्रह्मांड की सैर करती है।''

यदि आप सचमुच अपनी जड़ताओं से बाहर निकलकर गतिमान होना चाहते हैं, तो कोई भी शक्ति और विधान आपको ऐसा करने से रोक नहीं सकता। आप कर सकते हैं, जैसा कि इन लोगों ने किया है, बशर्ते कि आप करने लगें। इसके लिये आपको अपने ही विरुद्ध खड़ा होना होगा। इससे आपको ताकत मिलेगी और आपका आत्मविश्वास बढ़ेगा।

संकट को साधें

क्या आप मुझे किसी भी एक ऐसे आदमी का नाम बता सकते हैं; चाहे वह भगवान राम और कृष्ण ही क्यों न हों, चाहे वे ईसामसीह, हजरत मोहम्मद, गुरु नानकदेव ही क्यों न हों, चाहे वे महावीर स्वामी और गौतम बुद्ध ही क्यों न हों, जिनकी ज़िन्दगी में कभी न कभी संकट न आया हो। आप कोशिश कीजिए और मैं आपको गारंटी देता हूँ कि आप इसमें सफल नहीं हो सकेंगे। इसलिए बेहतर होगा कि आप इसके बारे में सोचे ही नहीं।

महान संगीतकार बिथोविन, जिनकी संगीत की धुनों में वह जादू था कि सुनने वाले सिसकियों के साथ अपना सुर मिलाते थे, को अपने जीवन में दो ही बातें विरासत में मिली थीं–दुःख और संगीत। होल्कर महारानी अहिल्याबाई को पढ़कर तो ऐसा लगता है मानो कि वे दुःखों के लिए ही बनी थीं। गज़ल गायक जगजीत सिंह अपने नौजवान पुत्र को खोने के बाद बड़ी

मुश्किल से अपनी गायकी को खोने से बचा सके थे।

मित्रों, याद रखिए कि संकट की घड़ियों में आपके साहस को, आपके धैर्य को और आपकी क्षमता को उत्तेजित करने और उसे बढ़ाने और आपकी परीक्षा लेने की सबसे बड़ी क्षमता होती है। आप कितने साहसी हैं, इसका पैमाना यही है कि आपको डराने के लिए कितने संकट की जरूरत पड़ती है और साहस उपदेशों से और किताबों से नहीं आता। यह जीवन का वह महान गुण है, जो केवल करने से आता है और संकट की घड़ियाँ ही केवल वे महान अवसर होते हैं, जब आप अपने साहस के लिए कुछ कर सकते हैं।

क्या करना चाहिए हमें तब, जब दुःखों के पहाड़ के पहाड़ क्रमशः हमारे ऊपर टूट रहे हों? इस बारे में पूर्व राष्ट्रपति डॉ. ए.पी.जे. अब्दुल कलाम साहब के जीवन के इस प्रसंग को उद्धृत करना चाहूँगा। उन्हीं के शब्दों में "तीन साल लगातार परिवार में तीन मौतें हो जाने के कारण मुझे अपने काम के प्रति अब पहले से भी अधिक प्रतिबद्धता की ज़रूरत थी। मैंने अपना सब कुछ एस.एल.वी. (सेटेलाइट लाँच व्हीकल) को तैयार करने में लगा डाला। मेरे लिए एस.एल.वी. ईश्वर का मिशन और मेरी प्रगति, मेरा उद्देश्य बन गया। इस दौरान मैंने अपनी दूसरी गतिविधियाँ; जो थोड़ी-बहुत हुआ करती थीं, भी रोक दीं।"

मुझे नहीं लगता कि संकट की घड़ियों का समुचित उपयोग करने का इससे अधिक अच्छा कोई दूसरा रास्ता हो सकता है। हमें यह यक़ीन करना ही होगा कि जब सुख की घड़ियाँ स्थाई नहीं होतीं, तो संकट की घड़ियाँ स्थाई कैसे हो सकती हैं। यह आस्था हमें एक ऐसी आत्मशक्ति प्रदान करती है, जिससे हम अपने सहमे हुए समय को गतिशील बना सकते हैं। हिमालयवासी एक बौद्ध भिक्षु के इस कथन में बहुत जान है कि 'बर्फ़ गिर रही है, तो उदास न हो, क्योंकि हिमपात के बाद सूर्य की ऊष्मा ज़रूर आती है।'

हमें चाहिए कि हम अपने संकट के समय को परीक्षा की घड़ी के रूप में लेकर उसका अधिकतम लाभ उठाने की कोशिश करें।

राइट बंधु जब अपने यान की प्रथम उड़ान का परीक्षण कर रहे थे, तब अचानक मौसम ख़राब हो गया। वे इससे निराश होकर चुप नहीं बैठ गए, बल्कि उन्होंने उसका आभार माना, क्योंकि इससे उन्हें अपनी मशीन की एक और ख़ामी का पता चल गया था।

एक बार एक नए आविष्कार पर एडीसन की बड़ी राशि और कई वर्ष लग गए, लेकिन नतीजा कुछ नहीं निकला। आख़िरकार उन्होंने वह काम छोड़ दिया। अगली सुबह उन्होंने अपने साथियों से कहा– ''ठीक है, सारा धन बेकार चला गया, लेकिन क्या धन को इस तरह ख़र्च करने का अपना एक अलग आनंद नहीं है?''

ये ही वे तरीक़े हैं, जिनसे हम अपने आपातकाल को ही आपात में डालकर उससे कुछ पा सकते हैं। यदि हम अचानक किसी गंदे नाले में गिर गए हैं, तो हर-हर गंगे कहने में भला क्या हर्ज़ है? यदि आपके हाथ मरी हुई चुहिया लगी है, तो आप उसका इस्तेमाल किसी की खोई हुई बिल्ली को ढूँढ़ने में कर सकते हैं।

लचीला बनें

मैंने बहुत से लोगों को अपने विचार और आदतों के साथ किसी भी तरह का समझौता न करने की जबर्दस्त कठोरता बरतते हुए देखा है। जब मैं भी ऐसा करता था, तो मैंने उससे अनेक तरह की परेशानियाँ महसूस की थीं। उदाहरण के तौर पर पहले मैं स्नान किए बिना कुछ भी खाता-पीता नहीं था। इसके कारण मेरी हर वह यात्रा, जो अगले दिन बारह बजे के बाद तक पूरी होती थी, दुःखद हो जाती थी। नहाने से पहले नाश्ता न करने की आदत के कारण सिर दुखने लगता था। फलस्वरूप पूरा दिन बर्बाद हो जाता था। इससे भी बड़ी बात तो यह थी कि मैं किसी भी ऐसी यात्रा में जाने से बचने की कोशिश करता था, जिसमें मेरे सामने इस तरह की परेशानी आ रही हो। फिर चाहे वह यात्रा मेरे लिए कितनी भी महत्त्वपूर्ण क्यों न रही हो। आखिर इसका खामियाजा मुझे ही भुगतना पड़ता था न।

लेकिन जैसे ही मैंने अपनी ऐसी आदतों को, जिनका कोई वैज्ञानिक आधार नहीं था और जिनको तोड़ने में मुझे किसी तरह का नुकसान नहीं था, उन्हें लचीला बनाया और मैंने पाया कि ऐसा करते ही मेरी गतिशीलता बहुत बढ़ गई है और मेरे दिमाग का तनाव भी खत्म हो गया। अब मेरा वक्त केवल यही सोचने में नष्ट नहीं होता था कि मैं कब घर पहुँचूँगा, ताकि नहा-धोकर नाश्ता कर सकूँ।

यदि आपकी भी कुछ ऐसी आदतें हैं, तो मैं आपको सलाह देना चाहूँगा कि आप अपनी इन आदतों की समीक्षा करें और उनसे मुक्त होने में लग जाएँ, जो आपको कमजोर बना रही हैं, आपकी ऊर्जा को नष्ट कर रही है और आपके समय को बर्बाद कर रही हैं। हमें माँग के अनुरूप अपने समय का उपयोग करना चाहिए। यदि हम ऐसा नहीं करेंगे, तो बजाय इसके कि हमारी चेतना काम में लगे, वह सुविधा के रास्ते तलाशने में लग जाएगी।

जेब में डायरी रखें

मैं जानता हूँ कि बहुत से विद्यार्थी तब तक अपनी जेब में एक छोटी-सी डायरी रखना शुरू नहीं करते, जब तक कि नौकरी की दृष्टि से उनके लिए ऐसा करना अनिवार्य न हो जाये। मेरे नौजवान दोस्त, क्या यह बेहतर नहीं होगा कि उस काम को आप अभी से अपनी आदत का हिस्सा बना लें, जिसे आगे चलकर आपको करना ही है।

मैं आपसे जेब में डायरी रखने की बात कर रहा हूँ, हाथ में नहीं। यह जानबूझकर कही गई बात है, क्योंकि हाथ में डायरी रखना बहुत मुश्किल काम होता है। उसे सम्हालकर रखना तो लगभग असम्भव ही हो जाता है। फिर सच बात तो यह है कि जिस हाथ का इस्तेमाल हमें सैकड़ों अन्य कामों के लिए करना चाहिए, उसे किसी डायरी का गुलाम बनाना कोई समझदारी की बात तो नहीं होग॥ इसलिए जहाँ हाथ में डायरी रखना बोझ है, वहीं जबकि जेब में एक पतली-सी डायरी रखना ठीक वैसा ही है कि आपने

गुलाब का कोई फूल पॉकेट में डाल लिया हो।

इससे बहुत से फायदे होते हैं। सबसे बड़ा फायदा तो यह होता है कि यह आपके पर्सनल असिस्टेंट का काम करता है। आप इसमें अपने अगले दिनों के काम पहले से दे करके अपने दिमाग को उस काम को याद रखने की चिन्ता और बोझ से मुक्ति दिला देते हैं। यदि किसी ने कोई काम कहा है, तो आप जेब से डायरी निकालकर उसे तुरन्त नोट कर सकते हैं। यहाँ तक कि मस्तिष्क में कोई नया और अच्छा विचार आया है, कोई नया वाक्य सुझा है, तो भी आप ऊपर के पॉकेट में रखी गई डायरी को निकालकर उसे तुरन्त नोट कर सकते हैं। जी हाँ, ऊपर के पॉकेट में रखी हुई डायरी। यदि इसे आप फुलपैंट में रखेंगे और आपको बस या कार में कोई बात सूझेगी, तो आपके लिए डायरी निकालना थोड़ा कठिन हो जाएगा और आप डायरी निकालेंगे ही नहीं। इसलिए मैंने कहा कि शर्ट के पॉकेट में रखी हुई डायरी। साथ ही पॉकेट में लगी हुई बिना ढक्कन वाली एक कलम भी।

आप कल्पना नहीं कर सकते कि यदि आपके दिमाग में कोई भी एक विचार आया है और आपने उसे तुरंत नोट नहीं किया, तो हो सकता है कि वह खो जाए। साथ ही यह भी हो सकता है कि एक बार खोने के बाद फिर वह आपको कभी मिले ही नहीं और आप उसे ढूँढ़ने के चक्कर में अपना न जाने कितना समय यूँ ही बर्बाद कर दें।

महान हास्य अभिनेता और फिल्मकार चार्ली चैप्लीन हमेशा अपने साथ एक टेपरिकार्डर रखते थे। उन्हें जब भी कोई विचार सूझता था, वे तुरन्त उस विचार को अपने टेपरिकार्डर में दर्ज कर लेते थे, जिसका इस्तेमाल बाद में वे अपनी फिल्मों में करते थे। क्या आपको पता है कि यदि गीतकार पंडित प्रदीप को रात के दस बजे पान बेचने वाले ने सिगरेट की पन्नी नहीं दी होती, तो आज हमारा देश उस महान गीत से वंचित रह जाता, जिसे लता मंगेशकर की आवाज़ में सुनकर पंडित जवाहरलाल नेहरू रो पड़े थे और जो आज भी हर 15 अगस्त और 26 जनवरी को वह गीत निश्चित तौर पर पूरे हिन्दुस्तान में गूँजता रहता है। इस गीत के बोल हैं– 'ए मेरे वतन के लोगों जरा आँख में भर लो पानी ....' मैं मानकर चलता हूँ कि यदि उनकी जेब में डायरी रहती होती, तो वे हमें इस तरह के न जाने कितने और गीत दे चुके होते।

इसलिए मैं एक बार फिर से कहता हूँ कि अपनी शर्ट की जेब में एक पतली-सी डायरी ज़रूर रखें और हाँ, साथ में बिना ढक्कन वाली ऐसी कलम भी, जो चलती हो।

ऊर्जावान लोगों के साथ रहें

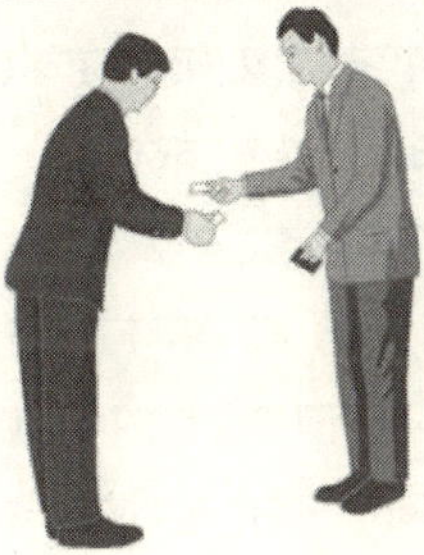

जिस तरह दुःख संक्रामक होता है, उसी तरह सुख भी संक्रामक होता है जिस तरह एक आदमी को जम्हाई लेते देखकर दूसरों को भी जम्हाई आने लगती है, जिस तरह एक आदमी को झपकी लेते देखकर दूसरे आदमी भी झपकी लेने लगते हैं, ठीक उसी तरह एक आदमी को जोश में आते देखकर बाकी लोग भी जोश में आ जाते हैं और जब एक आदमी उठकर चलना शुरू कर देता है, तो बाकी बैठे हुए लोगों में भी चलने की छटपटाहट पैदा हो जाती है।

मैं आपको एक वैज्ञानिक प्रयोग बता रहा हूँ, जो सच है और यदि आप चाहें, तो इसकी जाँच भी कर सकते हैं। यह प्रयोग मनोवैज्ञानिक युंग ने किया था। उन्होंने एक ही दीवार पर दो घड़ियाँ लटका दीं। एक घड़ी की गति दूसरी घड़ी की गति से कम कर दी गई। कुछ दिनों के बाद यह पाया गया कि जिस घड़ी की गति धीमी थी, अब उसकी गति भी सही गति वाली घड़ी के समान हो गई है थी यानी कि वह पहले की अपेक्षा तेज़ चलने लगी है।

भूगोल में आपने यह पढ़ा ही होगा कि सूर्य के चारों ओर शेष ग्रह चक्कर लगाते रहते हैं। इसमें सबसे महत्त्वपूर्ण बात यह है कि जो ग्रह सूर्य के जितना अधिक निकट होता है, उसकी गति उतनी ही अधिक होती है। जबकि जो ग्रह सूर्य से जितना अधिक दूर होता है, उसकी चाल उतनी ही धीमी होती है। यानी कि सूर्य, जो ऊर्जा का केन्द्र है, उसकी निकटता ग्रहों की गति को प्रभावित करती थी।

मित्रों! इसीलिए मैंने कहा कि ऊर्जावान लोगों के निकट रहें। ऊर्जावान

लोगों से मेरा मतलब है ऐसे लोग, जो एक्टिव हैं, ऐसे लोग, जो सकारात्मक रूप से सोचते हैं, ऐसे लोग, जिनका मन उत्साह और प्रसन्नता से भरा रहता है और ऐसे लोग, जिन्हें कर्म से प्रेम है। इनकी अपनी ऊर्जा आपको ऊर्जावान बनाएगी। ऐसे लोग आपको उस समय भी गतिशील कर देंगे, जब आपका मन जाने को नहीं कर रहा होगा। तब एक मित्र आएगा और आपके हाथ को पकड़कर रजाई से बाहर खींचकर आपको अपने साथ यह कहकर ले जाएगा कि "चल देखेंगे आगे क्या होगा, लेकिन अभी तो तू चल।"

यह बहुत महत्वपूर्ण बात है कि आप आलसी लोगों को, नकारात्मक सोच वाले लोगों को अपनी ज़िन्दगी के बारे में फैसला करने का अधिकार न दें। ऐसे लोगों से कभी कोई राय ही न लें, क्योंकि आप जब भी इनसे कुछ पूछेंगे, इनका उत्तर कोल्ड ही होगा। ठण्डा ही होगा। जिन लोगों ने सूरज के ताप को महसूस ही नहीं किया है, उनके लिए तो मोमबत्ती की लौ भी सूरज की गर्मी से अधिक होगी। लेकिन क्या यह सच है? यदि कभी ऐसे लोग आपको मिल भी जाते हैं, तो आप उनसे परिचय तो रखिए, लेकिन उनके साथ कभी भी एक ही दीवार पर टँगे रहने का फैसला मत कीजिए। ये आपके समय की हत्या करके आपको कहीं का भी नहीं छोड़ेंगे।

अवसरों को पहचानें

अवसर यानी कि ईश्वर के द्वारा, प्रकृति के द्वारा भेजा गया एक महान उपहार। अवसर यानी कि समय के ढेर सारे टुकड़ों का एक ही गठरी में बन्द हो जाना। इसलिए एक अवसर का उपयोग करने का मतलब होता है, समय के न जाने कितने टुकड़ों का उपयोग कर लेना। ठीक इसी तरह एक अवसर को खो देने का मतलब होता है, समय के न जाने कितने टुकड़ों को खो देना। एक ऐसे मौके को खो देना, जो अब ज़िन्दगी में कभी आयेगा ही नहीं। क्या आप अंदाजा लगा सकते हैं कि यह कितनी बड़ी हानि होगी? हो सकता है कि आपकी यह शिकायत हो कि आपको तो अभी तक ऐसा कोई अवसर मिला ही नहीं। ज्यादातर लोगों

की यह शिकायत होती है। चलिए, मैं मान लेता हूँ कि आखिर अभी आपकी ज़िन्दगी बीती ही कितनी है। इसलिए शायद आपकी बात ही सही हो, लेकिन यदि आप यही बात अपनी पूरी ज़िन्दगी के बारे में कहेंगे, तो मैं उस पर कतई यकीन नहीं कर सकता। मैं इस दृढ़ विश्वास का हिमायती हूँ कि ऐसा कोई स्टेशन नहीं होता, जहाँ कभी न कभी कोई न कोई रेलगाड़ी रुकी न हो। मैं यह मानकर चलता हूँ कि यदि स्टेशन है, तो गाड़ी जरूर खड़ी हुई होगी। अब यह बात अलग है कि हमें वह गाड़ी दिखी नहीं या फिर यदि दिखी भी, तो हमने उसमें चढ़ना ठीक नहीं समझा। यदि आप चढ़ेंगे नहीं तो फिर पहुँचेंगे कैसे?

मित्रो, हम सभी के जीवन में कुछ न कुछ ऐसी घटनाएँ घटती रहती हैं कि जिनमें हमारे जीवन को मोड़ देने की जबर्दस्त क्षमता होती है। अब यह हम पर है कि हम उस अवसर को पहचानकर उसका इस्तेमाल कर पाते हैं या नहीं।

अमिताभ बच्चन आकाशवाणी में ऑडिशन टेस्ट देने गए थे। वहाँ उन्हें रिजेक्ट कर दिया गया, क्योंकि उनकी आवाज अच्छी नहीं थी। यह घटना उनके विरुद्ध थी, लेकिन बाद में पूरी दुनिया उनकी उसी आवाज़ की कायल हुई, जिसे कुछ सालों पहले निरस्त कर दिया गया था। छह फुट से भी अधिक ऊँचा यह नायक बीसवीं सदी का महानायक बना, जिसकी यह कहकर खिल्ली उड़ाई गई थी कि ''ये लम्बू हीरो बनने आया है।'' महात्मा गांधी को दक्षिण अफ्रीका में ट्रेन के प्रथम श्रेणी के डिब्बे से निकालकर स्टेशन पर क्या फेंका गया कि उन्होंने फैसला कर लिया कि ''मैं अंग्रेजों को हिन्दुस्तान से बाहर फेंक दूँगा।''

इन उदाहरणों के जरिए मैं आपसे कहना केवल यह चाह रहा हूँ कि अवसर का कोई रंग-रूप नहीं होता। यह कहकर नहीं आते और बताकर जाते भी नहीं हैं। ये तो केवल आपके ऊपर है कि आपका एंटीना, आपका रिसीवर कितना जबर्दस्त है कि वह इन अवसरों को देख लेता है, समझ लेता है और उन्हें पकड़ भी लेता है।

अवसर अलग-अलग तरीके से आते हैं। कभी ये घटना के रूप में

आते हैं, तो कभी दुर्घटना के रूप में। कभी ये किसी व्यक्ति के रूप में आते हैं, तो कभी कोई बात ही ऐसी लग जाती है कि वह पूरी ज़िन्दगी को बदल देती है। कभी यह समस्या के रूप में आती है, तो कभी यह बहुत बड़े संकट के रूप में। आम लोग जहाँ इन सबकी यूँ ही अनदेखी कर देते हैं, वहीं विशिष्ट लोग उन्हें पकड़ लेते हैं। ज्यादातर लोग तो अवसरों को पहचानने से इसलिए चूक जाते हैं, क्योंकि वे मेहनत से बचना चाहते हैं। यदि आप मेहनत से बचना चाहेंगे, तो जाहिर है कि अवसर भी आपसे बचना चाहेंगे और यदि अवसर आपसे बच गए, तो यह सीधा फार्मूला है कि सफलता भी आपसे बच जाएगी।

एक बात और वह यह कि वैसे तो अवसर अपने-आप ही आते हैं, लेकिन आप अवसरों को जन्म देने वाले भी बन सकते हैं। जो व्यक्ति लगातार कर्म करता है, गतिशील रहता है, वह अपनी ऊर्जा के जरिए अवसरों को जन्म लेने के अवसर भी देता रहता है। यदि आप चुपचाप एक जगह हाथ पर हाथ धरे बैठे रहेंगे, तो अवसर भी चुपचाप निकल जाएँगे। इसके लिए आपको कर्मरत होना पड़ेगा।

साथ ही यदि आपको अपने लिए अवसर पैदा करने हैं, तो अपने हृदय एवं चिन्तन को उदार बनाना पड़ेगा। संकीर्ण विचार वालों को अवसर उसी तरह नहीं मिलते, जैसे कि चट्टानों पर फसल नहीं ऊगा करती। यदि आप अपनी कठोरता के कारण किसी के नहीं हो सकते, तो दूसरों को भला क्या पड़ी है कि वे आपके होंगे। अवसर का अर्थ ही है- या तो किसी का हो जाना या किसी को अपना बना लेना। यह उदारता से ही संभव है। आप उदार बनिए, अपने मन को खुला रखिए। आप देखेंगे कि प्रकृति आपको एक महान कार्य करने का दायित्त्व सौंपेगी और जाहिर है कि यदि वह आपको बड़े काम की जिम्मेदारी देगी, तो वह आपके हाथ में वे तमाम उपकरण भी थमाएगी, जिनसे आप उन जिम्मेदारियों को पूरा कर सकें।

भाग्य से मुक्ति पाएँ

हमारे यहाँ के लोगों को मलुकदास का यह दोहा बहुत सूट करता है कि -

"अजगर करे न चाकरी, पंछी करे न काम,
दास मलूका कह गए, सबके दाता राम।"

काम करने की जरूरत नहीं है, क्योंकि न तो अजगर जैसा बड़ा जानवर काम करता है और न ही पक्षी जैसा छोटा-सा जीव। भगवान की कृपा से सबका पेट पलता रहता है। इस सिद्धान्त को मानने वालों की कमी नहीं है, लेकिन मुझे नहीं लगता कि आप किसी भी ऐसे व्यक्ति का नाम बता सकते हों, जिसने इस सिद्धान्त को माना हो और उसने ज़िन्दगी में बड़ी सफलता अर्जित कर ली हो। हाँ, यह तो हो सकता है कि उसका पेट भर रहा हो, लेकिन यह नहीं हो सकता है कि उसमें इतनी कूबत आ गई हो कि वह दूसरों का भी पेट भर सके, लेकिन क्या जीवन सिर्फ पेट भरने के लिए ही है?

भाग्यवाद की बात मैं इसलिए कर रहा हूँ, क्योंकि यह सोच हमको आलसी बनाती है और जब हम आलसी और जड़ हो जाते हैं, तब कर्म पर से हमारा विश्वास खत्म हो जाता है और हम यूँ ही चुपचाप समय के कारवाँ को अपनी आँखों के सामने गुज़र जाने देते हैं।

आप गौर करें- 'भगवान' और 'भाग्यवान' शब्द पर। भगवान क्या है? मैं मानता हूँ कि जो आपके भाग्य को बदल दे, वही भगवान है। भाग्य को बदलने की ताकत होती है, आपके हाथों में, आपकी हथेलियों में। तभी तो भगवान ने हथेलियों पर कुछ रेखाएँ खींचकर आपके भाग्य का निर्धारण किया है। वह कहीं भी इन रेखाओं को खींच सकता था, लेकिन उसने इन्हें खींचा हथेलियों पर। इसके माध्यम से वह यही कहना चाह रहा है कि हमारा भाग्य हमारे हाथ में है। हमारी मुट्ठी में है। हमारे कर्म में है। ऐसा कभी नहीं हो सकता कि आप पढ़ाई न करें और पास हो जाएँ। हाँ, यह जरूर हो सकता है कि जितनी पढ़ाई कर रहे हैं, शायद आपको उतने नम्बर न मिलें। यहीं पर

आकर आप भाग्य को दोष देने लगते हैं।

भाग्य और कुछ भी नहीं सिवाय इसके कि वह महज कुछ घटनाओं और कुछ बातों का संयोग भर है। सभी चीज़ों पर हमारा नियंत्रण नहीं होता। आप बहुत बड़े तीरंदाज़ हैं। पेड़ के नीचे सो रहे हिरण की आँख पर आपको तीर चलाना है। हिरण सो रहा है और निशाना आपका अचूक है। अब इसका आप क्या करेंगे कि जैसे ही आपके धनुष से तीर छूटा, वैसे ही हिरण की नींद टूट गई और उसने गर्दन हिला दी। नतीजा यह हुआ कि तीर आँख में न लगकर उसकी नाक में लग गया। आपने अपना काम बिल्कुल ठीक किया था। लेकिन यहाँ संयोग कुछ ऐसा बना कि उसी समय नींद टूट गई। अब इसे आप चाहे अपना भाग्य कह लें या फिर संयोग। मेरी दृष्टि में भाग्य बस इतना ही है। इससे अधिक और कुछ नहीं। इसलिए कभी भी भाग्य की ढाल का सहारा लेकर अपने समय को नष्ट करने की गलती न करें।

अनुभव की पूँजी जुटाएँ

मित्रो, हमारी ज़िन्दगी का कोई भी पल ऐसा नहीं होता, जब हम अनुभव नहीं ले रहे होते हैं। लेकिन वे ही पल हमारे अनुभव में तब्दील होते हैं, जिन पर हम विचार करते हैं और जिन्हें जानबूझकर हम अपने दिमाग में दर्ज करते हैं। कुछ लोगों को यह गलतफहमी है कि चीज़ों को केवल सामान्य तौर पर देखने से ही अनुभव मिल जाते हैं। यह ठीक है कि न देखने से तो देखना ही बेहतर होता है। लेकिन देख लेना ही सब कुछ नहीं होता। यदि आप फतेहपुर सीकरी को देखने जा रहे हैं, तो आपके अनुभव में यह तो जुड़ जाएगा कि फतेहपुर सीकरी के महल कैसे हैं। लेकिन यदि आप उसके बारे में विचार करेंगे और उसके बारे में ज्यादा से ज्यादा पढ़ेंगे और पूछेंगे, तो आपके अनुभव का यह खजाना और ज्यादा समृद्ध होगा।

याद रखिए कि आपके पास अनुभवों के जितने ज्यादा सिक्के मौजूद होंगे, समय की उतनी अधिक पूँजी आपके पास होगी। ऐसा मैं इसलिए कह रहा हूँ, क्योंकि अनुभव निर्णय लेने में हमारी मदद करते हैं। आपने महसूस किया होगा कि आप नए शहर में उतनी फर्राटे से कार ड्राइव नहीं कर सकते,

जितनी कि अपने शहर की सड़कों पर कर लेते हैं। इसका कारण यही है कि अपने शहर की सड़क आपकी देखी-समझी हुई है। आपको मालूम है, कहाँ चौराहा है, कहाँ स्पीड ब्रेकर है और कहाँ आपको मुड़ना है। तो अपने शहर के इसी अनुभव के कारण ही आपकी गति बढ़ गई है। गति बढ़ने का मतलब होता है- समय का बचना।

हमारे जीवन में भी यही होता है। अनुभव का समृद्ध खजाना हमारे निर्णय लेने की गति को कई गुना बढ़ा देता है। जिसके बारे में निर्णय लेने में लोग महिनों लगा देते हैं, यदि आपके पास उसका अनुभव है, तो आप चन्द मिनटों में उसे निपटा देते हैं। इतना ही नहीं, बल्कि अनुभव तो इस बात की भी गारंटी देते हैं कि आपके निर्णय सही होंगे। यदि आप ज़िन्दगी भर गलत ही निर्णय लेते रहे, तो इसका मतलब यही होगा कि आपने अपना सारा समय बर्बाद कर दिया है। इसलिए समय-प्रबन्धन का इस बात से बहुत बड़ा संबंध है कि हम अपनी ज़िन्दगी के खजाने में अच्छे-अच्छे अनुभवों के ढेर सारे सिक्के जमा करते रहें।

दूरदर्शी बनें

हममें से ज्यादातर लोग अपने वर्तमान के लिए ही काम करते हैं। जब हमें यह कहा जाता है कि 'वर्तमान में रहो', तो इसका मतलब यह नहीं होता कि वर्तमान के लिए ही करें। हम रहते तो वर्तमान में ही हैं, लेकिन करते भविष्य के लिए हैं। इस भविष्य के प्रति हमारी दृष्टि जितनी स्पष्ट, जितनी व्यापक और जितनी गहरी होगी हम जीवन में उतने ही ज्यादा सफल हो सकेंगे। इसीलिए इस बात पर ध्यान दिए जाने की जरूरत होती है कि हम न तो स्वयं को छोटी-छोटी उपलब्धियों में खपायें और न ही उन्हीं को सब कुछ मानकर चुपचाप बैठ जायें इसके लिए दूरदर्शिता का गुण हमारी मदद करता है।

आपने यह तो सुना ही होगा कि भविष्य पर नियंत्रण नहीं रखा जा सकता। यह बात सच है, लेकिन पूरी तरह नहीं। मुझे लगता है कि यदि इवा

के रुख को देखकर पहले से ही यह निर्धारित कर दिया जाए कि पतंग को कितना ऊपर भेजना है, तो हम काफी कुछ पतंग पर नियंत्रण रख सकते हैं। इस बारे में मैं आपको फ्रांस के सम्राट नेपोलियन से जुड़ी एक सच्ची घटना बताना चाहूँगा।

फ्रांस के सम्राट नेपोलियन अपने तंबू में गहरी नींद में सो रहे थे। निश्चित रूप से यह आधी रात का ही समय रहा होगा, तभी अंगरक्षक ने उन्हें जगाते हुए कहा कि 'महाराज, सेनापति आपसे इसी वक़्त मिलना चाहते हैं।' नेपोलियन ने करवट बदलते हुए कहा 'पूछो, क्या बात है।' अंगरक्षक ने वापस आकर बताया कि 'दक्षिण की ओर से शत्रु की सेना ने हमला बोल दिया है। सेनापति जानना चाहते हैं कि अब क्या किया जाए।'

नेपोलियन इतनी बड़ी ख़बर से तनिक भी विचलित नहीं हुए। यहाँ तक कि उन्होंने सेनापति को बुलाना भी ठीक नहीं समझा और अपने अंगरक्षक से ही कहा– 'कोने के बक्से में चौंतीस नंबर का एक नक्शा रखा हुआ है। वह सेनापति को दे दो और उनसे कहो कि वे युद्ध का समाचार मुझे सुबह दें।'

चौंतीस नंबर के इस नक़्शे में यह बताया गया था कि यदि दक्षिण की ओर से शत्रु की सेना आक्रमण करे, तो उसके जवाब में क्या कार्यवाही करनी होगी। नक़्शे में बताई गई योजना के अनुसार युद्ध हुआ और जैसा कि होना चाहिए था, नेपोलियन विजयी हुए। सेनापति ने विजय की यह सूचना देते हुए नेपोलियन से पूछा– 'महोदय, आपने इतनी जल्दी यह योजना कैसे तैयार कर ली? क्या कोई देवता आपकी मदद करता है?' नेपोलियन ने सेनापति के इस प्रश्न के जवाब में जो कहा, वह हम सबके लिए गौर करने लायक है। नेपोलियन ने जवाब दिया 'हाँ! विचार और दूरदर्शिता नामक दो देवता हमेशा मेरे साथ रहते हैं। उन्होंने सीख दी है कि भविष्य की संभावनाओं के प्रति मनुष्य को पहले से ही जागृत और सावधान रहना चाहिए।'

क्या अब आपको नहीं लगता कि हम भविष्य को काफ़ी कुछ नियंत्रित कर सकते हैं? भवनों में जो अग्निशामक यंत्र लगाए जाते हैं, उनमें से 99 प्रतिशत से अधिक यंत्रों का उपयोग कभी भी नहीं होता। फिर भी ये लगाए जाते हैं। यही है-भविष्य की दुर्घटनाओं के प्रति सतर्क रहना। ऐसा करके हम अपने उस सारे समय को बर्बाद होने से बचा सकते हैं, जो दूरदर्शिता के अभाव में खत्म हो जाता।

☑ दीवार को इस आशा से पीटने में अपना समय नष्ट मत करो कि वह दरवाजे में बदल जाएगा।

- डॉ. लॉरा श्लेसिन्जर

☑ बुद्धिमान व्यक्ति उसे तुरंत करता है, जिसे मूर्ख सबसे अंत में करता है। हालाँकि दोनों करते तो एक ही काम हैं, लेकिन अलग-अलग समय में।

- बाल्टसर ग्रेसियन

☑ ''कैसे'' के बारे में सोचने वाला व्यक्ति प्रभावशाली तरीके से समस्याओं को सुलझा लेता है, क्योंकि वह व्यर्थ के ''यदि'' में समय नष्ट नहीं करता।

- नार्मन विन्सेन्ट पील

अध्याय 5

बचिए इन–इन से

मुझे अभी तक एक भी ऐसा व्यक्ति नहीं मिला है, जो अपना समय खराब करना चाहता हो। हर व्यक्ति अपने समय का प्रबन्धन ही करना चाहता है, ताकि वह एक सफल, अच्छा और आनन्द से भरा जीवन जी सके। आप भी समय का प्रबन्धन करना चाहते हैं, ताकि अच्छे से पढ़ सकें, अन्य काम भी कर सकें और अपने लिए एक सुनहरा भविष्य प्राप्त कर सकें। मुझे मुश्किल तब आती है, जब लोग समय प्रबन्धन के बारे में 'मैकेनिकल फॉर्मूला' जानना चाहते हैं। इस तरह का फार्मूला बताना बहुत आसान है। सच तो यह है कि आप सब जानते भी हैं। आखिर हम सबके पास चौबीस घण्टे हैं और हम इन चौबीस घण्टों का इस्तेमाल कैसे करें, इसका भी नक्शा हमारे सामने बिछा हुआ होता है, लेकिन सवाल यह है कि क्या दुनिया के नक्शे को देख लेने से ही दुनिया की सैर हो जाएगी ? उसके लिए तो जाना पड़ेगा, चलना पड़ेगा।

समय-प्रबंधन के साथ भी लगभग यही बात है। मैंने इससे पहले बताया है कि स्वयं को साधना ही समय को साधना है और समय को साधना ही जीवन को साधना हैं। इसलिए ध्यान समय पर इतना नहीं, जितना स्वयं पर देना होगा। हमारे अपने ही विचार, व्यक्तित्त्व और व्यवहार के अन्दर वे सारी चीज़ें मौजूद हैं, जो समय-प्रबंधन के लिए ज़रूरी होती हैं। इनमें से बहुत से वे तत्त्व होते हैं, जो हैं तो, लेकिन पर्याप्त रूप में नहीं हैं। इन्हें बढ़ाया

जाना चाहिए। साथ ही हमारे अन्दर बहुत-सी ऐसी बातें होती हैं, जो हैं और इसके रास्ते के रोड़े हैं। इन्हें हटाया जाना चाहिए। जब तक हम ऐसा नहीं करेंगे, तब तक समय- प्रबंधन समुचित तरीके से नहीं हो सकेगा।

तो मैं आपको इस अध्याय में यह बताने जा रहा हूँ कि आपको अपने विचार, व्यक्तित्त्व और व्यवहार की किन-किन बातों से बचना चाहिए। ये वे बातें हैं, जो आपको बार-बार भटकाकर समय से विलग कर देती हैं। मैं समझता हूँ कि इसे जानना रोचक होगा और इसके आधार पर आप अपना मूल्यांकन भी कर सकेंगे।

☑ आपके रास्ते का सबसे बड़ा रोड़ा है- ***काम को टालने की आपकी आदत।*** जैसे ही कोई काम आपके सामने आता है, आप सोचने लगते हैं कि कैसे कुछ ऐसा हो कि इसे बाद में करना पड़े। टालने से काम तो टल जाता है, लेकिन वह होता तो नहीं। बल्कि बाद में जब आप उसे करते हैं, तो उसमें पहले की अपेक्षा अधिक समय लगता है, क्योंकि इसी बीच वह काम कुछ अधिक जटिल हो जाता है।

फिर यह भी तो है कि आपने उस काम को बाहरी रूप से तो टाल दिया है, लेकिन दिमाग में तो वह बना ही हुआ है। उसका क्या करेंगे आप? उसने आपकी दिमाग की जगह को घेर रखा है। आप उस काम के बोझ को तब तक ढोते फिरेंगे, जब तक उसे कर नहीं लेते और जब उसे पूरा कर लेते हैं, तब आपको लगता है कि 'अरे! इसमें तो इतना कम समय लगा। इसे तो मुझे पहले ही कर लेना चाहिए था।'

समय के बारे में पार्किन्सन का एक बहुत मजेदार सिद्धान्त है कि एक चिट्ठी लिखने में भी एक ही दिन लगता है और दस चिट्ठियाँ लिखने में भी एक ही दिन लगता है। यह आपके ऊपर है कि आप उस चिट्ठी का जवाब उसी दिन लिखकर उससे मुक्ति पाना चाहते हैं या दस दिन तक उसके बोझ को ढोए रहना चाहते हैं। इस आदत से मुक्त होइए, आप हल्के हो जाएँगे।

☑ टालने की जड़ में हमारा ***आलस्य*** काम करता है। मैं आपको बताना चाहूँगा कि आलस्य का कारण शरीर की कमज़ोरी और थकान इतनी नहीं होती, जितनी कि हमारे मस्तिष्क की थकान होती है। यह एक प्रकार

की मानसिक जड़ता है। ***जब आप सोच लेते हैं कि 'मैं थक गया हूँ' तब आप सचमुच थक जाते हैं।*** दिन भर जमकर मेहनत करने के बाद रात में थकने की बात तो समझ में आती है, लेकिन मैंने लोगों को दिन भर सोफे पर पड़े-पड़े भी थकते देखा है। अब आप इसे क्या कहेंगे? आपने कभी सोचा है कि आलस्य का यह सर्प आपके समय के अनमोल खजाने पर इस प्रकार कुण्डली मारकर बैठ गया है कि उसने आपको आपके ही खजाने से अलग कर दिया है। खासकर अभी, जबकि आप युवा हैं, खासकर अभी, जबकि सूरज दोपहर में आकाश के बीचों-बीच चमचमा रहा है, आलस्य का यह घटियापन आपकी ऊर्जा को दबोच ले, उसे इस बात की इजाजत कतई मत दीजिए।

☑ आजकल के लोगों को एक शब्द बहुत अधिक प्रिय हो गया है- ***'मूड'।*** हिन्दी में एक शब्द है-'मूढ़'। मैं समझता हूँ कि 'मूड' शब्द इन्हीं मूढ़ लोगों के लिए है, ज्ञानी लोगों के लिए नहीं। मूड का अर्थ है- मन नहीं कर रहा है। मुझे इसका अर्थ आज तक समझ में नहीं आया। यदि मन कुछ भी न करने के लिए कर रहा है और इस न करने के पीछे कोई ठोस कारण है; जैसे कि तबियत का ठीक न होना, तब तो बात समझ में आती है, लेकिन मुश्किल तो तब होती है, जब ज्यादातर लोगों का मूड ज्यादातर समय तक नहीं कर रहा होता। वह गलती से कभी-कभी कर रहा होता है।

लेकिन क्या आप जानते हैं कि आप ऐसा कहकर क्या कह रहे हैं? आप कह रहे हैं कि मैं कमज़ोर हूँ। आप कह रहे हैं कि मैं अपने मन का गुलाम हूँ। आप कह रहे हैं कि मैं कामचोर हूँ और अयोग्य भी। ऐसा कहकर आप उस काम को करने से बच तो जाते हैं, लेकिन क्या बच जाने से काम हो जाता है? आखिर जब आपका मूड खराब होता है, तब आप अपना समय ही तो खराब कर रहे होते हैं। जितनी जल्दी हो सके, इस शब्द से मुक्ति पाइए। इस शब्द को अपने दिल और दिमाग की डिक्शनरी से मिटा दीजिए।

☑ **'ऊबना'** भी लगभग आज का मनोवैज्ञानिक फैशन बन गया है। चारों तरफ तनाव, निराशा, भागदौड़ और प्रतिस्पर्धा का इस प्रकार का जाल बुन दिया गया है कि लोगों को लगने लगा है कि उन्हें ऊबना ही चाहिए।

आश्चर्य तो तब होता है, जब किसी का मन लग रहा हो। पहले लोगों को ऊबाइये और फिर उनका मन लगाने के लिए कुछ तरीके निकालिए; जैसे नशीली दवाइयाँ, बीयर, वाइन, फिल्में, डिस्को, पॉप म्यूज़िक आदि-आदि।

'ऊबाना' एक बहुत अच्छा और कमाऊ व्यापार है, इसे समझिए। यह व्यापार आपके जरिए किया जाता है। अपने को कमोडिटी (वस्तु) के रूप में तब्दील मत होने दीजिए। जो युवा हैं और जिनके पास अध्ययन करके अपनी ज़िन्दगी को गढ़ने जैसा इतना महत्त्वपूर्ण उद्देश्य है, उनके पास भला ऊबने के लिए समय कहाँ से आ सकता है? ऊबने का अर्थ है कि आपका मन अपने काम में नहीं लग रहा है और आपका आपके काम में मन इसलिए नहीं लग रहा है, क्योंकि आपकी उसके प्रति आस्था नहीं है। यदि यह सच है, तो अपने काम को बदल डालिए, लेकिन ऊबना बन्द कीजिए। ऐसा करके आप बेकार ही अपने समय को बर्बाद कर रहे हैं। कभी-कभी की बात तो समझ में आती है, लेकिन हमेशा की नहीं।

☑ यदि कभी-कभी ऊबते हैं, तो कोई बात नहीं। उठिए और उन सार्थक जगहों पर चले जाइये, जहाँ आपका मन लगता है। ध्यान दीजिए कि मैंने सार्थक जगहों पर जाने की बात कही है, किसी भी जगह पर जाने की बात नहीं। मनोरंजन कीजिए, उल्लास मनाइए और फिर अपने काम पर लौट आइए, लेकिन इसकी भी एक सीमा होनी चाहिए। ध्यान रखिए कि कहीं ऐसा न हो कि मनोरंजन ही उद्देश्य बन जाए। ***कोई भी काम; चाहे वह उत्सव मनाना ही क्यों न हो, जब अपनी सीमा को पार कर जाता है, तो वह अश्लील बन जाता है।*** आपको इस अश्लीलता से बचना होगा। आपको अधिक मनोरंजन से बचना होगा।

☑ 'परफेक्शन' की चाहत एक अच्छी बात है, लेकिन यह तब एक बुरी चाहत बन जाती है, जब आप 'परफेक्शन' के चक्कर में पड़कर किसी काम को शुरू ही नहीं कर पाते। आप या तो यह सोचकर चुप बैठ जाते हैं कि मैं इसमें परफेक्ट नहीं हूँ या फिर यह मानकर उसे भविष्य के लिए टाल देते हैं कि "जब भी करूँगा, परफेक्ट करूँगा"।

जीवन में कोई भी व्यक्ति परफेक्ट नहीं होता; ईश्वर को छोड़कर

कोई भी नहीं। इसलिए कोई भी परफेक्ट बन ही नहीं सकता। हम तो केवल करते रहते हैं और उसी में से कुछ चीज़ें ज्यादा परफेक्ट हो जाती हैं तो कुछ कम परफेक्ट रह जाती हैं। हम तो केवल यही कर सकते हैं कि उस काम को अपनी क्षमता के मुताबिक अच्छे से अच्छा करने की कोशिश करते रहें। बस इतना ही। परफेक्ट अचानक नहीं होता। वह तो करते-करते कभी-कभी हो जाता है। इसलिए परफेक्ट की प्रतीक्षा करने से बचें। एक कहावत है कि 'न नौ मन तेल होगा, न राधा नाचेगी।' हममें से बहुत से लोग अपने बचाव के लिए इस कहावत का उपयोग ढाल की तरह करते हैं। जब हम किसी काम को नहीं कर पाते, तब अपने बचाव में हम यही कहते हैं कि चूँकि हमारे पास यह सुविधा नहीं थी, इसीलिए हम इसे नहीं कर पाए, लेकिन जिनके पास ये सुविधाएँ थीं, क्या उन्होंने यह सब कर लिया?

यह बेकार का बहाना है। यदि आप करना चाहते हैं, तो आप कर सकते हैं- बिना नौ मन तेल के भी। दुनिया में करने वालों ने ऐसे ही किया है। सुविधा की माँग एक दमदार बहाने से अधिक कुछ नहीं है। आप सुविधाओं के इकट्ठा होने की प्रतीक्षा करते रहिए, लेकिन समय तो आपकी प्रतीक्षा नहीं करेगा। हाँ, यदि आप काम करने लगते हैं, तो समय जरूर आपका साथ देगा अन्यथा नहीं।

☑ आपके पास अपने कामों की बहुत लम्बी-चौड़ी लिस्ट है। यह लम्बी लिस्ट इस बात की गवाह है कि आपके पास कोई बड़ा काम नहीं है। जिनके पास बड़े काम होते हैं, स्वाभाविक है कि उनकी लिस्ट में से छोटे-छोटे काम अपने-आप कटने लगते हैं और जो छोटे-छोटे कामों में लगे रहते हैं, उनके पास बड़े काम की गुन्जाइश नहीं होती।

यदि कभी आप बहुत गम्भीरता से अपनी इस लिस्ट की जाँच करें, तो पाएँगे कि उसमें बहुत से काम ऐसे हैं, जिन्हें आप आसानी से छोड़ सकते हैं। इनके प्रति मोह मत पालिए। छोड़ दीजिए उन्हें। आपको इनकी कोई ज़रूरत नहीं है। हाथी चलते समय यदि कुत्तों की परवाह करने लगे, तब तो चल ही नहीं पाएगा। बचाइए अपने-आपको अनावश्यक कामों से और मत लगाइये अपने-आपको उन कामों में, जिन्हें आप पूरा नहीं कर सकते हों। हर

काम को थोड़ा-थोड़ा करके उन्हें बीच में छोड़कर किसी दूसरे काम में लग जाने की गलत आदत ने न जाने कितने लोगों के कितने घण्टों को यूँ ही बर्बाद कर दिया है। आप अपने घण्टों को यूँ ही बर्बाद मत होने दीजिए।

☑ आप क्रिकेट के दीवाने तो हैं, लेकिन क्या क्रिकेट आपका कैरियर भी है? और यदि यह आपका कैरियर नहीं है, तो फिर कृपया मुझे यह बताइए कि फिर आप उसके दीवाने क्यों हैं? क्या सिर्फ इसलिए, ताकि आप अपनी मित्र-मण्डली के बीच अपने क्रिकेट ज्ञान की धाक जमा सकें या फिर इसलिए, क्योंकि क्रिकेट का दीवाना होना आज एक फैशन बन गया है। कारण इनमें से जो भी हो, लेकिन सही नहीं है।

आजकल हर महीने ही मैच होने लगे हैं- वन डे तथा कभी-कभी टेस्ट मैच भी। टेस्ट मैच तो फिर भी ठीक है, लेकिन वन डे का तो भगवान ही मालिक है। हालाँकि नाम है इसका वन डे, लेकिन यह वन-वन डे करके साल के न जाने कितने डे को अपने उदर के हवाले कर लेता है। क्या आपने कभी अपनी इस आदत को समय के सन्दर्भ में जानने की कोशिश की है? आखिर इससे आपको मिलता क्या है? देखने और सुनने दीजिए उन्हें, जिनके पास करने को और कुछ नहीं है, लेकिन आपके पास तो बहुत कुछ है। फिर आप ऐसा क्यों कर रहे हैं?

☑ प्रतिस्पर्धा बुरी चीज़ नहीं है, बशर्ते कि वह स्वस्थ हो, लेकिन बदला लेने के लिए या अहं (ईगो) के वशीभूत होकर स्वयं को प्रतिस्पर्धा में डाल देना एक प्रकार की मूर्खता ही कही जाएगी। आप बाईक से जा रहे हैं। पीछे से आती हुई एक कार ने आपको 'ओवरटेक' किया। आपको गुस्सा आ गया। उसको ओवरटेक करने के लिए आपने अपनी बाईक की रफ्तार बढ़ा दी। दस किलोमीटर जाने के बाद आपने उसे ओवरटेक करके अपना बदला चुका लिया। तभी आपको अचानक याद आता है कि 'अरे! मुझे तो सातवें किलोमीटर पर दाहिनी ओर मुड़ना था।' अब आपको तीन किलोमीटर पीछे लौटना पड़ रहा है।

इस तरह की फालतू की प्रतिस्पर्धाओं में पड़कर हम सभी अपना न जाने कितना समय बर्बाद करते हैं। क्या हमें ऐसी प्रतिस्पर्धाओं से बचना

नहीं चाहिए?

☑ महान नाटककार शेक्सपीयर के पात्र भी इस द्वन्द्व में फँसे हुए दिखाई देते हैं कि 'क्या करूँ, क्या न करूँ।' यह द्वंद्व शाश्वत है। इस तरह के द्वन्द्व में फँसे हुए व्यक्ति कभी कोई निर्णय नहीं ले पाते और यदि ले भी लेते हैं, तो उन निर्णयों के सही होने की सम्भावना बहुत कम रहती है। इसलिए ज़्यादातर तो यही देखा गया है कि लोग निर्णय लेने से ही परहेज करते हैं। ऐसे लोग ज़िन्दगी भर चौराहे पर ही खड़े रह जाते हैं। चूँकि उनके उद्देश्य स्पष्ट नहीं होते इसलिए वे देरी के शिकार हो जाते हैं।

एक बार एक धनी व्यक्ति मोहरों की थैली लेकर रामकृष्ण परमहंस के पास आया और बोला कि 'महाराज, यह धन आप ले लें।' उन्होंने लेने से मना कर दिया। जब वह व्यक्ति बहुत ज़िद्द करने लगा, तो परमहंस जी ने उसके हाथ से थैली ले ली। फिर थैली उसी को देते हुए बोले– 'तुम जाओ और यह थैली मेरी ओर से नदी में डाल आओ।' इतना सुनते ही सेठ हक्का–बक्का रह गया, लेकिन वह कर कुछ नहीं सकता था। वह थैली लेकर नदी की ओर चल पड़ा। जब वह बहुत देर बाद भी नहीं लौटा, तो रामकृष्ण ने उन्हें देखने के लिए एक व्यक्ति को भेजा। उसने देखा कि सेठ नदी के किनारे बैठकर सोच–सोचकर एक–एक मुहर निकालकर दु:खी मन से नदी में डाल रहा है।

यह द्वंद्व ही हमारे वक़्त को नष्ट करता है।

यह ठीक है कि निर्णय सोच-समझकर ही लिए जाने चाहिए, लेकिन बहुत देरी से भी नहीं। निर्णय लेने में जितनी देरी होगी, उस काम के सफल होने की उम्मीद भी उतनी ही कम होती जाएगी, क्योंकि किसी भी निर्णय के पीछे तत्कालीन समय की बहुत बड़ी भूमिका होती है। आप इस समय क्या करेंगे, इस बात का निर्णय बहुत कुछ इस तथ्य पर निर्भर करेगा कि इस समय किस चीज़ की ज़रूरत है। यदि आप 'स्वेटर या कोट में से क्या पहने', के बारे में फैसला मई के महीने में करेंगे, तो क्या तब उसका कोई अर्थ रह जाएगा? इसलिए द्वन्द्व से बचिए। निर्णय लीजिए, जी हाँ सोच-समझकर, लेकिन जल्दी, उसे टालिए नहीं। टालने से समय नष्ट होगा।

☑ मैं आपको एक मजेदार अभ्यास बताता हूँ। इसे कीजिए। दूसरों की तरह आपके भी दिमाग में ढेर सारी आशंकाएँ आती होंगी। हम इन आशंकाओं को जीते हैं। शरीर को इस बात से कोई मतलब नहीं होता कि वे आशंकाएँ सच्ची हैं या झूठी ? शरीर तो केवल दिमाग की भाषा समझता है। दिमाग आशंकित हुआ नहीं कि शरीर ने उसी के अनुसार प्रतिक्रिया करनी शुरू की। जब भी आप किसी भी अनिष्ट के बारे में सोचते हैं, शरीर उसकी पीड़ा को भोगना शुरू कर देता है। ऐसी स्थिति में आपके लिए समय ठहर जाता है। आप उसी क्षण उस आशंका को जीने लगते हैं, कुछ करते नहीं हैं।

रोचक अभ्यास यह है कि आप एक दिन अपने दिमाग में उठने वाली सारी आशंकाओं को लिखिए। अच्छा होगा कि ऐसा कुछ दिनों तक करें। फिर आप देखिए कि उनमें से कितनी आशंकाएँ सही हुईं और कितनी गलत। आप पाएँगे कि ९९ प्रतिशत से भी अधिक आशंकाएँ गलत हुई हैं। इसका मतलब यह हुआ कि आपका भय गलत था और आशंकाओं के साथ सबसे अच्छी बात तो यही है कि उनमें से अधिकांश का अस्तित्त्व केवल हमारे मस्तिष्क में होता है, हमारे जीवन में नहीं। यदि हम अभी तक जीवित हैं, तो सिर्फ इसलिए, क्योंकि हम जिनसे आशंकित रहते थे, उनमें से कोई भी आशंका सही साबित नहीं हुई। यदि वह हुई होती, तो शायद आज हम होते ही नहीं।

लेकिन मजेदार बात यह है कि इन आशंकाओं ने हमारे दिमाग और अस्तित्त्व को बुरी तरह से घेर रखा है। ***हम आशंकित रहते हैं और आशंकित मस्तिष्क कुछ नहीं करता, सिवाय समय को बर्बाद करने के।*** इससे बचिए, इसलिए नहीं, क्योंकि यह बुरी आदत है, बल्कि इसलिए, क्योंकि यथार्थ में यह है ही नहीं।

☑ आप कमरे में ताला लगाकर थोड़ी ही दूर जाते हैं और सोचते हैं कि 'मैंने ताला ठीक से बन्द किया या नहीं।' आप बाजार जाते हैं। दो सामान खरीदकर लाते हैं। घर लौटने के बाद सोचते हैं कि 'काश, मैं यह भी ले लाया होता।' आपका दोस्त आपसे मिलने पाँच किलोमीटर दूर से आ रहा है। वहीं से आपको कोई चीज़ लानी थी। दोस्त के आने के बाद आपको याद

आता है कि 'अच्छा होता, यदि मैंने उसे यह लाने को कह दिया होता।' आप पढ़ते हैं। दो घण्टे लगाकर पढ़ते हैं, लेकिन ज्यादा याद नहीं होता या ठीक से याद नहीं होता। याद हो भी जाता है, तो अगले दिन या अगली सुबह आप भूल जाते हैं। अब आपको उसे फिर से पढ़ना पड़ता है।

आप देखते हैं कि इन सभी घटनाओं में आपको अतिरिक्त समय देना पड़ रहा है और यह अतिरिक्त समय सिर्फ भूलने की आदत के कारण देना पड़ रहा है। अन्यथा न केवल आपका समय ही बचता, बल्कि काम के होने में जो व्यवधान आया, वह भी नहीं आता। भूलने की इस आदत से खुद को बचाइए। ***यदि आप यह आदत बना लें कि किसी भी काम को करने से पहले आप उसके बारे में शान्त होकर एक-दो मिनट सोचेंगे, तो आपकी भूलने की प्रवृत्ति काफी कम हो जाएगी।***

साथ ही यह तो है ही कि इसके लिए हर समय सजग रहना भी ज़रूरी है। यह बहुत अच्छा शब्द है। स+जग=सजग। इसका अर्थ हुआ 'जागने के साथ' अर्थात् जब हम जागते रहे हों, तब हम यह जान भी रहे हों कि हम जाग रहे हैं। ***सोते समय हमें पता नहीं रहता कि हम सो रहे हैं। जब सोकर उठते हैं, तब पता चलता है कि हम सो रहे थे।*** ठीक इसी प्रकार जब हम जागते रहते हैं, तब भी हमें पता नहीं रहता कि हम जाग रहे हैं, लेकिन हमें पता रहना चाहिए कि हम जाग रहे हैं। जैसे ही हम यह पता रखने लगते हैं, वैसे ही हम सजग हो जाते हैं और जब सजग हो जाते हैं, तो भूलने की स्थिति खत्म हो जाती है। आखिर भूलना एक प्रकार का सोना ही तो है।

☑ वैज्ञानिक आइंस्टीन ने एक बात कही थी कि यदि हम कोई एक गलत इनपुट डालते हैं, तो उस गलत इनपुट को ठीक करने के लिए हमें 17 और इनपुट डालने पड़ते हैं। मतलब यह कि एक बार में की गई गलती को सुधारने के लिए 17 बार कोशिश करनी पड़ती है। ध्यान दीजिए कि इससे नया कुछ नहीं बना है। हुआ केवल इतना है कि जो गलत था, वह खत्म हुआ है। तो क्या आपको नहीं लगता कि ***हमें गलत करने से बचना चाहिए? केवल इसलिए नहीं बचना चाहिए कि गलत करने में समय लगता है, बल्कि उससे भी कहीं अधिक इसलिए बचना चाहिए, क्योंकि***

उसको सुधारने में उससे सत्रह गुना अधिक समय लगता है।

कहा जाता है कि यदि आप एक झूठ बोलते हैं, तो इस बात के लिए कि वह झूठ पकड़ा न जाए, आपको लगभग 200 झूठ बोलने पड़ते हैं और जब इतने सारे झूठ बोलने पड़ते हैं, तो निश्चित है कि उनमें से कुछ तो एक-दूसरे के विरोधी होंगे ही और यह अन्तर्विरोध ही आपके झूठ की पोल खोल देंगे। इसलिए न केवल गलत करने से ही बचना चाहिए, बल्कि गलत कहने से भी बचना चाहिए।

☑ यह तो आप जानते हैं कि फालतू काम करने में समय बेकार जाता है, लेकिन क्या आपने कभी इस बारे में भी सोचा है कि ***फालतू की बहस करने में भी समय बेकार जाता है;*** ऐसी बहसें, जो घण्टों बाद भी अन्त में वहीं जाकर समाप्त होती हैं, जहाँ से वे शुरू हुई थीं। इसका कोई नतीजा नहीं निकलता। इससे हम न तो कुछ सीखते हैं और न ही दूसरों को कुछ सिखा पाते हैं। यदि इसके बावजूद हम बहस करते रहते हैं, तो केवल इसलिए कि हम सुधरना नहीं चाहते, झुकना नहीं चाहते। मेरी परिभाषा के अनुसार ऐसे व्यर्थ के बहस समय की हत्या करने से अधिक कुछ नहीं हैं। मैं आपको ऐसी बहसों से बचने की सलाह दूँगा।

☑ आप उस घर का पता क्यों पूछ रहे हैं, जहाँ आपको जाना ही नहीं है। आप क्यों बेकार दूसरों की फटी चादर में अपने पैर फँसाना चाह रहे हैं? क्यों दूसरों के मामलों में, बिना उनके चाहे, आप चौधरी बनना चाह रहे हैं? ये सारी वे बातें हैं, जो हमें अपने आम-जीवन में अक्सर देखने को मिलती हैं। दूसरे लोग, जो फुर्सत में हैं और जो आगे कुछ करना भी नहीं चाहते, करते हैं तो उन्हें करने दीजिए, लेकिन ये चीज़ें आपके लिए नहीं हैं। यहाँ आप दूसरों का अनुकरण बिल्कुल मत कीजिए।

मैंने महसूस किया है कि भले छोटे-छोटे तिनके ही क्यों न हों, लेकिन इकट्ठा करने के बाद ये बहुत सुन्दर घोंसला बन जाने की क्षमता रखते हैं। मैं यह मानकर चलता हूँ कि इन छोटे-छोटे तिनकों का अनुभव आपके पास भी होगा। मैंने तो यहाँ केवल उन्हें एक स्थान पर इकट्ठा करके एक घोंसला बनाने की कोशिश की है, ताकि आप इसके महत्त्व को समझ सकें इसके

सौन्दर्य को सराह सकें और इस प्रकार इस धरती पर अपनी सफलता का एक छोटा-सा घोंसला बना सकें। आप इन्हें व्यवहार में लाइए, आपका घोंसला बनने लगेगा।

☑ यदि तुम अपने समय का भरपूर उपयोग करना चाहते हो, तब तुम्हें जानना होगा कि तुम्हारे लिए सबसे जरूरी क्या है। फिर तुम उसको अपना सब कुछ दे दो।

- ली इयाकोका

☑ यदि तुम अपने अनुभव का उपयोग बुद्धिमानी के साथ करते हो, तो तुम्हारा कोई भी समय व्यर्थ नहीं जाता।

- ऑगस्ट रोडिन

☑ कैलेण्डर से मूर्ख मत बनो। कैलेण्डर में उतने ही दिन होते हैं, जितने का तुम उपयोग कर पाते हो। एक आदमी साल भर में से केवल एक सप्ताह हासिल कर पाता है, जबकि दूसरा एक सप्ताह में साल भर पा लेता है।

- चार्ल्स रिचर्ड्स

अध्याय 6

कैसे चुराएँ समय

इससे पहले के अध्याय में मैंने आपको कुछ वे तरीके बताए हैं, जिनसे आप अपने बेकार जा रहे समय को बचाकर अपने समय के खजाने में इज़ाफा कर सकते हैं। अब इस अध्याय में मैं आपको समय बचाने के नहीं, बल्कि समय को चुराने के तरीकों के बारे में बताने जा रहा हूँ।

यह मेरा सौभाग्य था कि अपने जीवन के तीसवें वर्ष से लेकर चालीसवें वर्ष के बीच के दस सालों ने मुझे दुनिया के महान-महान लोगों से व्यक्तिगत रूप से मिलने का अवसर दिया। तब मैं तत्कालीन राष्ट्रपति डॉ. शंकरदयाल शर्मा के निजी सचिव के रूप में काम कर रहा था। इन महापुरुषों में केवल राजनेता ही नहीं थे, बल्कि विद्वान, साहित्यकार, कलाकार, खिलाड़ी, उद्योगपति, अभिनेता-अभिनेत्री, विश्व सुन्दरियाँ, न्यायाधीश, प्रशासक, राजनयिक तथा पत्रकार आदि बहुत से लोग थे। मैंने उनकी व्यस्तताएँ देखीं, लेकिन साथ ही उनकी प्रसन्नता भी देखी। कुछ लोगों का सहज व्यवहार तो मुझे इतने गहरे रूप से छू गया कि यकीन करना मुश्किल था कि यह व्यक्ति सचमुच इतना महान है और इसके कन्धों पर इतनी बड़ी ज़िम्मेदारियाँ भी हैं। इनमें से कई तो अत्यन्त लोकप्रिय थे और उनकी इस लोकप्रियता का रहस्य उनकी सफलता में इतना नहीं था, जितना कि उनके निजी व्यवहार में था। निजी व्यवहार कहने का मतलब यह है कि वे ज्यादा से ज्यादा लोगों से

मिलते थे। अच्छे से बातें करते थे। इससे मिलने वालों को यह एहसास होता था कि ये हमारे ही हैं।

इससे भी अधिक महत्त्व की बात यह थी कि इनमें से अधिकांश लोगों के पास जीवन की समृद्ध और आसान पृष्ठभूमि नहीं थी। इनमें से ज्यादातर लोग वे थे, जो अपने कन्धों पर कुदाल रखकर घर से निकल पड़े थे और ऊबड़-खाबड़ रास्तों तथा घने जंगलों के बीच से अपने हाथों ही अपने लिए रास्ता बनाया था। एक ओर ज़िन्दगी को बचाये रखने के लिए भयानक जद्दोजहद, तो दूसरी ओर उसे बनाने के लिए उससे भी अधिक कड़ा संघर्ष। मैं सोचने लगता कि आखिर इतना सब कुछ इन लोगों ने किया कैसे। आखिर इनके पास भी तो उतना ही समय है, जितना कि हम सबके पास। इसी का उत्तर तलाशते-तलाशते, इन महापुरुषों में से बहुतों से बातें करते-करते मुझे कुछ सूत्र हाथ लग पाये हैं। मैं यहाँ ऐसे ही कुछ उन सूत्रों को आपके साथ बाँट कर रहा हूँ, जो शायद आपके लिए भी उपयोगी हो सकें।

हाँ, मैं एक बात बताना तो भूल ही गया। इन महान एवं सफल लोगों से बातचीत करने पर मुझे यह बहुत साफ हो गया कि ***इन लोगों के पास भी समय नहीं था। फिर भी इन लोगों के पास समय था।*** इनके पास जो समय था, वह इनकी कमाई हुई पूँजी नहीं थी, बल्कि चुराई हुई पूँजी थी। ये सभी समय को चुराने में बहुत एक्सपर्ट थे। ये वे खिलाड़ी थे, जिन्होंने चौके, छक्के तो लगाये, लेकिन यदि एक रन चुराने का जरा-सा भी मौका मिल गया, तो उसे लेने से कभी नहीं चूके। इसी से उन्होंने अपने जीवन में इतना बड़ा स्कोर खड़ा कर लिया। अब शायद आप समझ गये होंगे कि मैंने इस अध्याय में 'चुराने' शब्द का प्रयोग क्यों किया है?

तो अब मैं आपको समय चुराने के कुछ उपायों के बारे में बताने जा रहा हूँ। आप यह स्वयं देखें कि इनमें से कौन-कौन से आपके लिए उपयोगी हो सकते हैं।

☑ मेरे पास अपनी समस्या के समाधान के लिए आए हुए एक विद्यार्थी की समस्या यह थी कि 'उसका रोज दो घण्टे का समय बस में आने-जाने में खर्च हो जाता है।' मैंने उससे पूछा कि क्या बस में बैठने की

जगह मिल जाती है? उसका उत्तर 'हाँ' में था। मैंने उसकी समस्या के समाधान के लिए अपनी आप-बीती सुनाई। जब मेरी नियुक्ति दिल्ली में थी, तब जहाँ मैं रहता था, वहाँ से आफिस पहुँचने में बस से मुझे रोज 55 मिनट लगते थे। 55 मिनट जाने में और 55 मिनट आने में। मैं आपको सच-सच बता रहा हूँ कि इस दौरान मैं जितनी किताबें पढ़ सका, उतनी किताबें अपने 15 साल के दिल्ली प्रवास में फिर कभी नहीं पढ़ सका।

शायद यह बात उस लड़के की समझ में आ गई। उसने भी अपने बस में आने-जाने के समय का इस्तेमाल शायद पढ़ने के लिए करना शुरू कर दिया होगा, क्योंकि इसके बाद वह कभी मेरे पास नहीं आया। मैं यह मानकर चल रहा हूँ कि उसकी समस्या सुलझ गई होगी।

मेरे समय के चुराने का मूल सिद्धान्त इसी बात पर आधारित है कि ***आपको जब भी, जहाँ भी, जितना भी समय मिलता है, आप उसका उपयोग कर लीजिए।*** हाँ, यह ज़रूर है कि आप उसका उपयोग कर पाएँगे, इसके लिए आपको अपनी तैयारी पहले से करके रखनी होगी। कहीं भी जाने से पहले आपको उस स्थिति के बारे में सोचना होगा, जहाँ समय मिल सकता है और जैसे ही समय मिले, वैसे ही आप उसे पकड़ लें। इस पकड़ने को ही मैं चुराना कहता हूँ।

☑ मुझे लगता है कि प्रत्येक विद्यार्थी को; यदि वह सच्चा विद्यार्थी है और यदि वह सचमुच में अपने समय और कैरियर के प्रति गम्भीर है, तो हमेशा उसे अपने साथ कोई न कोई एक किताब ठीक उसी तरह रखनी चाहिए, जिस प्रकार कोई योद्धा अपने पास हमेशा कोई न कोई हथियार रखता है और डॉक्टर कोई न कोई उपकरण। आप कहीं भी जा रहे हों, आपकी कोई न कोई किताब आपके साथ जानी ही चाहिए। हो सकता है कि आपको यह लगे कि वहाँ जाने के बाद समय बिल्कुल नहीं मिलेगा। हो सकता है कि आपको यह भी लगे कि यदि थोड़ा-बहुत समय मिल भी गया, तो आप पढ़ नहीं पाएँगे। ये सब बातें आप सोचिए ही मत। आप तो यह मानकर चलिए कि जिस प्रकार जवाहर लाल नेहरू जी के कोट में हमेशा गुलाब का फूल लगा रहता था, उसी प्रकार आपके भी हाथों में या थैले में कोई न कोई एक

किताब मौजूद रहेगी। यदि वह काम नहीं भी आई, तो इसके बदले में आपसे कुछ माँगेगी तो नहीं। आपके साथ ही वापस आ जाएगी, लेकिन यदि खुदा-न-खास्ता कुछ समय मिल गया और आपके साथ किताब नहीं रही, तब तो आप कुछ भी नहीं कर सकेंगे।

ऐसे मौकों पर यदि आपको लगता है कि यह किताब एक बोझ है, तो आपको बहुत गलत लग रहा है। ***किताबें कभी भी बोझ नहीं हुआ करतीं। बल्कि इसके विपरीत वे तो खुद आपका बोझ सम्हाले रहती हैं।*** यह किताब आपके लिए 'फर्स्ट एड बाक्स' की तरह काम करेगी। यह एक प्रकार की आपातकालीन व्यवस्था है। हवाई जहाज दुर्घटनाग्रस्त हो या न हो, गाड़ियाँ पलटें या न पलटें, उनमें प्राथमिक उपचार के लिए एक बक्सा होता ही है। आपको भी अपने थैले में रखी हुई पुस्तक को इसी तरह का एक 'फर्स्ट एड बॉक्स' समझना चाहिए। महान आविष्कारक माइकल फैराडे को यदि एक मिनट भी मिलता था, तो वे उस एक मिनट में झट से किताबें पढ़ने लगते थे।

☑ आपको अपने दिन भर के कामों को दो-तीन भागों में बाँट लेना चाहिए। पहले में तो वे काम आएँगे, जिनके लिए अपेक्षाकृत लगातार लम्बे समय की ज़रूरत होती है। जैसे कि दो घण्टे, तीन घण्टे की। कुछ काम ऐसे हो सकते हैं, जिनके लिए आध-पौन घण्टे की ज़रूरत होती है। कुछ काम ऐसे भी हो सकते हैं, जिनके लिए कुछ मिनटों की ज़रूरत होती है।

इस तरह विभाजन करने के बाद करना यह चाहिए कि जो छोटे-छोटे काम हैं, उनको अलग से न करें। इन छोटे-छोटे कामों को या तो बड़े-बड़े कामों के बीच में मिलने वाले थोड़े-थोड़े समय में निपटा लें या फिर उस समय निपटा लें, जब भी कभी थोड़ा-सा समय मिले। इससे आपको इन छोटे-छोटे कामों को पूरा करने के लिए अलग से समय नहीं देना पड़ेगा। दूसरी तरफ छोटे-छोटे टुकड़ों के रूप में जो समय यूँ ही बेकार जाता, उसका उपयोग हो जाएगा। मैं अपने ढेर सारे पत्रों का जवाब देने के लिए यही उपाय करता हूँ। मुझे यह सूत्र बिहार के राजनेता डॉ. शंकरदयाल सिंह जी से मिला था। उन्होंने मुझे केवल एक लाइन की एक चिट्ठी लिखी थी और वह भी ब्राजील के एयरपोर्ट से। इस चिट्ठी को मैं अपने जीवन की एक बड़ी थाती समझता हूँ। मुझे लगा कि देखो,

उन्हें एयरपोर्ट में एक मिनट का समय मिला और उस एक मिनट में ही उन्होंने मुझ जैसे छोटे व्यक्ति को याद किया। यानी कि उन्होंने उस एक मिनट का भी इतना बड़ा उपयोग कर लिया।

☑ आप बस में सफर कर रहे हैं, लेकिन बैठने को जगह नहीं है। ठीक है कि अब आप पढ़ नहीं सकते, लेकिन मेरा प्रश्न यह है कि क्या आप सोच भी नहीं सकते? मैं ऐसा करता था। दिल्ली में जब कभी भी बस में बैठने की जगह नहीं मिलती थी, तब मैं खड़े-खड़े किसी लेख के बारे में सोचना शुरू कर देता था। जब तक मैं अपने ऑफिस के पास उतरता था, तब तक लेख का पूरा खाका मेरे दिमाग में तैयार हो चुका होता था। ऑफिस में समय पाते ही उसकी मुख्य-मुख्य बातें नोट कर लेता था, जो बाद में लेख के रूप में सामने आती थीं।

यही मैं तब भी करता था, जब मैं हाईस्कूल में था और रोज सुबह-शाम घूमने जाता था। घूमना मेरी बचपन की आदत है। परीक्षा के आसपास मुझे लगता था कि घूमना बन्द कर देना चाहिए, लेकिन एक काम के बदले दूसरे किसी उतने ही महत्वपूर्ण काम को छोड़ देना तो कोई होशियारी की बात नहीं हुई। मैंने सोचा कि फिर क्या करूँ। इसका हल मैंने यही निकाला कि मैं जो कुछ भी दिन में पढ़ता था, उसे घूमने जाते समय मन ही मन दोहरा लेता था। यही मैं आज भी करता हूँ। जब भी सुबह घूमने जाता हूँ, कोई न कोई विषय मेरे दिमाग में घूमता रहता है। इसी घूमने के दौरान कोई नई बात या कोई नया वाक्य दिमाग में कौंध जाता है। समय का दोगुना उपयोग करने का यह मुझे एक अच्छा तरीका लगा।

इस बारे में आइंस्टीन तो महान ही थे। हुआ यूँ कि एक बार वे नहाने गये। एक घण्टा हो गया, दो घण्टे हो गये, तीन घण्टे हो गये। वे बाथरूम से निकले ही नहीं। उनकी बहन को चिन्ता होने लगी। उन्होंने जोर-जोर से दरवाजा पीटा। आइंस्टीन ने दरवाजा खोला और माफ़ी माँगते हुए बोले- 'अच्छा, तो क्या मैं बाथरूम में था? मैं तो समझ रहा था कि मैं अपने लैब में हूँ।' यानी कि वे नहाते समय भी अपने कुछ प्रयोगों के बारे में सोच रहे थे।

☑ ***पढ़ाई के बारे में मेरा यह अनुभव रहा है कि इसे भी मुख्यत: दो भागों में बाँट लेना चाहिए। पहला भाग गम्भीर अध्ययन का और दूसरा भाग सामान्य और झटपट अध्ययन का।*** स्वाभाविक है कि पहले भाग को आप उस समय पूरा करें, जब आपके पास अधिक समय हो, ताकि आप इत्मीनान के साथ पढ़ सकें। दूसरे भाग के लिए लम्बे समय और इत्मीनान की ज़रूरत नहीं होती। उन्हें बड़े आराम से टुकड़ों-टुकड़ों में पढ़ा जा सकता है और पढ़ना भी ऐसे ही चाहिए। खासकर अखबार, पत्रिकाएँ तथा सामान्य ज्ञान को तो इस रूप में पढ़ ही सकते हैं। जहाँ पढ़ने में बार-बार बाधा आ रही हो, वहाँ इस तरह की पढ़ाई करने में बाधा नहीं आती।

☑ दिन भर में आपको क्या करना है, इसकी मोटी-मोटी रूपरेखा तो आपके दिमाग में बनी ही रहती है, फिर चाहे वह लिखित रूप में हो या अलिखित रूप में, लेकिन मैंने पाया है कि यदि हम अपने दिनभर की रूपरेखा लिखित रूप में बना लें, तो उससे समय चुराने की गुन्जाइश काफी बढ़ जाती है। इसके लिए ज्यादा अच्छा होता है कि आप अपने पास एक छोटी-सी डायरी रखें और उसमें दिन भर की ज़रूरी बातों को नोट कर लें। ऐसा करने से आपको कुछ अतिरिक्त फायदे होने लगेंगे। पहला लाभ तो यही होगा कि आप उस दिन का कोई ज़रूरी काम भूलेंगे नहीं। वह उसी दिन निपट जाएगा। दूसरा लाभ यह होगा कि उस दिन क्या-क्या करना है, आपका दिमाग इन्हें याद रखने के बोझ से मुक्त हो जाएगा। यह ज़िम्मेदारी आपने डायरी पर जो डाल दी है। तीसरा लाभ यह भी होगा कि यदि आपको दस दिन बाद कोई काम करना है, तो उसे उसी दिन की तारीख वाले पन्ने पर नोट करके निश्चिन्त हो सकते हैं। समय चुराने के मामले में चौथा बड़ा लाभ यह होगा कि आप जब डायरी के उस पन्ने को दिन में कई-कई बार देखेंगे, तब यह बात आपको ज्यादा स्पष्ट नजर आने लगेगी कि समय को चुराने के लिए कहाँ-कहाँ गुंजाइश निकल सकती है। इसलिए लिखित रूप से योजना बनाना अधिक फायदेमंद होता है।

☑ क्या आपके कुछ काम ऐसे हैं, जिनके साथ आप दूसरे काम भी कर सकते हैं? कुछ ऐसे कामों को पहचानिए और उन्हें इस तरह एक

साथ करने की कोशिश कीजिए कि वे आपस में टकराए बिना ठीक उसी तरह होते चले जाएँ, जैसे रेलगाड़ी की दो समानान्तर पटरियाँ। इस तरह के कुछ कामों की पहचान की जा सकती है। उदाहरण के लिए आप उस समय खाना खा सकते हैं, जब आपकी पसन्द का सीरियल आ रहा हो। खाना मुँह से है और सुनना और देखना कान और आँख से है। यहाँ ऐसा कुछ नहीं है कि खाने के कारण देखने में आपका मन नहीं लगेगा और आपका ध्यान भंग होगा। ठीक इसी प्रकार यदि आपको सुबह आठ बजे का रेडियो समाचार सुनने की आदत है (और यदि आदत नहीं है, तो डालिए), तो क्या आप समाचार सुनते समय दाढ़ी बनाना पसन्द नहीं करेंगे ? यदि आप रात में पौने नौ बजे का समाचार सुनना पसन्द करते हैं, तो खाना भी इसी समय खा लीजिए। समाचार सुनते-सुनते ही खाना बना लीजिए और यदि खाना बनाना और खाना दोनों निपटा चुके हों, तो फिर बर्तनों की सफाई ही कर लीजिए।

मेरा निवेदन केवल इतना है कि ऐसा करके आप अपने कुछ समय को तो दोगुना कर ही सकते हैं। यह बात मैं इसलिए कह पा रहा हूँ, क्योंकि मैंने ऐसा किया है और मुझे इसके काफी अच्छे और सकारात्मक परिणाम प्राप्त हुए हैं। आपको भी प्राप्त होंगे।

☑ आप अपने आसपास के लोगों के समय पर निगाह डालिए। यदि आप अपनी निगाह को थोड़ी पैनी बनाएँगे, तो पाएँगे कि वे सभी अपना ढेर सारा समय खराब कर रहे हैं। उन्हें देखकर आप स्वयं को यह समझा देते हैं कि 'मैं तो उनकी तुलना में कुछ कम ही समय खराब कर रहा हूँ।' यहाँ निश्चित रूप से आप थोड़े बहुत बेहतर स्थिति में हो सकते हैं, लेकिन मुझे लगता है कि पूरी तरह बेहतर स्थिति में नहीं हैं। मैं तो यह मानकर चलता हूँ कि ***जब दूसरे लोग अपने समय को बरबाद करने में मशगूल हों, तभी आप अपने समय का सबसे अच्छा उपयोग कर सकते हैं।*** रोम का महान शासक जूलियस सीज़र यही करता था। जब उसके सारे अधिकारी और सेनापति आराम कर रहे होते थे, तब दुबला-पतला, नरम गोरी त्वचा वाला मझौले कद का यह महान शासक चिट्ठियाँ लिखवाता था।

आपको यहाँ इस भ्रम का शिकार नहीं होना चाहिए कि यदि दूसरों को अपने समय के उपयोग की चिन्ता नहीं है, तो मैं भी क्यों करूँ? चूँकि आप यह किताब पढ़ रहे हैं, इसलिए आप इतना बड़ा झूठ तो नहीं बोल सकते कि 'मुझे भी अपने समय की परवाह नहीं है।' आपको समय की परवाह है। इसलिए जब दूसरे उसे बरबाद कर रहे हों, तब आप उसे आबाद कीजिए।

और भी न जाने कितने और ऐसे छोटे-छोटे उपाय हो सकते हैं, जिनको अपनाकर आप समय को चुरा सकते हैं। जब आप इसकी तरफ ध्यान देने लगेंगे, तब आपको ऐसे उपाय अपने-आप दिखाई देने लगेंगे। यहाँ तो मैंने केवल थोड़े में ही चर्चा की है। आपको इस सूची में और जोड़ना है। आप जोड़ें और यदि सम्भव हो सके, तो मुझे इसकी सूचना दे दें, ताकि मैं आपके ये उपाय दूसरों को बता सकूँ।

☑ कभी मत कहो कि तुम्हारे पास पर्याप्त समय नहीं है। तुम्हारे पास भी हर दिन में बिल्कुल उतने ही घण्टे हैं, जितने कि हेलन केलर, पास्चर, माइकल एंजेलो, मदर टेरेसा, लियोनार्दो दा वींसी, थॉमस जेफर्सन और अल्बर्ट आइंस्टीन को दिए गए थे।

- एच. जेक्सन ब्राउन

☑ सोचने-विचारने में समय लगाओ। जैसे ही करने का समय आता है, सोचना बंद करके करने लगो।

- आन्द्रे जैक्सन

☑ जब हम अपनी पसंद का काम कर रहे होते हैं, तब समय की परवाह नहीं करते। कम से कम इस क्षण में तो समय का अस्तित्व नहीं रहता और हम सचमुच स्वतंत्र होते हैं।

- मार्सिया वीदर

अध्याय 7

समय की घड़ी

क्या आपने कभी 'समय की घड़ी' शब्द सुना है? घड़ी तो सुना होगा। "समय की घड़ी" नहीं सुना होगा, क्योंकि घड़ी तो होती ही समय के लिए है। मैं यहाँ आपको इससे अलग हटकर एक नया तथ्य बताने की कोशिश कर रहा हूँ, इस आशा के साथ कि हो सकता है, इससे समय के मापदण्ड के बारे में आपकी एक नई सोच बन सके। इस पर मैंने बहुत विचार किया है। बहुत प्रयोग किये हैं और अपने निष्कर्षों को काफी उलटा-पलटा है। अब जो कुछ स्थिर हो सका है, उन्हें ही यहाँ मैं आपको बताने जा रहा हूँ।

क्या हम सूरज को इस धरती की घड़ी मान सकते हैं? प्राचीन काल में तो इसे ही माना जाता था। सूरज के निकलने पर ज़िन्दगी शुरू हो जाती थी और डूबते ही थम जाती थी, लेकिन मुश्किल यह है कि यह भी तो पूरी धरती पर हर स्थान पर न तो एक साथ निकलता है और न ही एक साथ डूबता है। पुर्तगाल में यह रात के नौ बजे डूबता है, तो नार्वे में तो आधी रात तक चमकता रहता है। भारत में ही जहाँ ठण्ड के दिनों में यह पाँच बजे डूब जाता है, वहीं नगालैण्ड में चार बजे तक तो अंधेरा हो चुका होता है। हाँ, वहाँ सुबह चार बजे आपको चमकता हुआ सूरज मिल जाएगा, जबकि उत्तर भारत में इस समय अंधेरा रहेगा। गर्मी में सूरज देरी तक चमकता है और जल्दी निकल आता है। ठण्ड में जल्दी चला जाता है और

देरी से आता है। तो जो घड़ी इतनी गड़बड़ करती हो, भला उसे सही घड़ी कैसे कहा जा सकता है? तो इसका मतलब यह हुआ कि यह भी घड़ी हमारे लिए उतनी विश्वसनीय नहीं है।

सोचकर देखिए कि समय का निर्धारण कैसे किया गया होगा? आपका उत्तर होगा-पृथ्वी की परिक्रमा के द्वारा। पृथ्वी अपनी धुरि पर चौबीस घण्टे में एक चक्कर लगाती है। इससे दिन और रात होते हैं। इसीलिए हमने एक दिन को चौबीस घण्टे के बराबर मान लिया। फिर उसे मिनट और सेकेण्ड के रूप में बाँटा। पृथ्वी सूरज का एक चक्कर 365 दिन में लगाती है। इससे ऋतुएँ बदलती हैं, तो इसे हमने एक साल मान लिया। समय के इन दोनों मापदण्डों के केन्द्र में है- पृथ्वी की अपनी धुरी पर की जाने वाली परिक्रमा तथा पृथ्वी द्वारा सूर्य की की जाने वाली परिक्रमा।

लेकिन यदि मान लीजिए कि हम बुध ग्रह पर, जो पृथ्वी की तरह ही सूर्य का एक ग्रह है, रह रहे होते, तब हमारा एक वर्ष कितने दिनों का होता? और यदि हम प्लूटो पर रह रहे होते तब। बुध सूर्य की एक परिक्रमा 88 दिन में पूरी करता है, तो प्लूटो 249 वर्ष में। अंटार्कटिका में छह महीने का दिन और छह महीने की रात होती है। तो देखा न आपने कि किस प्रकार हम पृथ्वीवासियों ने समय का जो माप निर्धारित किया है, उसे अन्य ग्रहों पर तो दूर, यहाँ तक कि पृथ्वी पर ही पूरी तरह लागू नहीं कर सकते। हाँ, यह बात अलग है कि हमने अपने हिसाब से घड़ी तैयार कर ली है और उसी से हमारा काम चल रहा है।

अब मैं आपको उस घड़ी के बारे में बताने जा रहा हूँ, जो समय के बारे में बिल्कुल ही नई घड़ी है, लेकिन सही घड़ी है। हाँ, यह दिक्कत ज़रूर है कि ***यह घड़ी हम सबकी अलग-अलग होती है।*** यह कोई ऐसी घड़ी नहीं है, जो सबके लिए एक जैसी हो। मेरी घड़ी मेरे हिसाब से है और आपकी घड़ी आपके हिसाब से। मैं समझता हूँ कि चूँकि हम सबके लिए समय के प्रबन्धन के रंग-रूप भी अलग-अलग होते हैं, इसलिए इस हेतु हम सबकी घड़ी भी अलग-अलग ही होनी चाहिए। एक घड़ी से बात बनेगी नहीं।

मन की घड़ी

यह घड़ी मन की घड़ी है। इसे मैं 'साइकोलॉजिकल क्लॉक' कहता हूँ। मैंने पाया है कि घड़ी के ज़रिए बाहरी रूप से समय को भले ही नापा जा सके और जाना जा सके, लेकिन उसे आन्तरिक रूप से न तो मापा जा सकता है और न ही उसका एहसास किया जा सकता है। मुझे अक्सर लगता है कि जो शायद आपको भी लगता होगा, समय ***मूलतः एक एहसास है, अनुभव है, एक्सपीरिएन्स है।*** समय इतना सूक्ष्म है, इतना अधिक सूक्ष्म है कि शायद वह है ही नहीं। उसे न तो पकड़ा जा सकता है और न ही देखा जा सकता है। उसका तो केवल अनुभव किया जा सकता है और अनुभव करने का यह काम मन करता है, हमारा मस्तिष्क करता है। आपको मेरी इस बात पर थोड़ा विश्वास हो सके, इसके लिए मैं आपके सामने कुछ उदाहरण रखना चाहूँगा।

☑ सूरज चमक रहा है। बाहर खूब रोशनी है। चाँद चमक रहा है। चाँदनी छितराई हुई है, लेकिन आपका मन दुःखी है। अब आपको न तो सूरज की रोशनी दिखाई देगी और न ही चन्द्रमा की चाँदनी। चूँकि मन दुःखी है, इसलिए आपको दिन भी रात और चाँदनी रात अमावस्या की रात लग रही है। चाहे सूरज डूबे या निकले, आपका इससे कोई लेना-देना नहीं है।

☑ आप पढ़ रहे हैं। पढ़ने में खूब मजा आ रहा है आपको। आपकी निगाहें अचानक घड़ी पर पड़ती हैं और आप चौंककर कह उठते हैं, 'अरे! शाम के सात बज गये।' इसका मतलब यह हुआ कि आप पढ़ने में इतना खो गये थे कि आपको समय के बीतने का एहसास ही नहीं हुआ, लेकिन आप यह नहीं कह सकते कि घड़ी तेज चलने लगी थी। घड़ी तो अपनी गति से ही चल रही थी। चूँकि आपको अपने काम में मजा आ रहा था, इसलिए समय आपको भागता हुआ मालूम हुआ। आपके लिए वह जल्दी बीत गया।

☑ आपको पढ़ना बहुत भारी लग रहा है। ऊब हो रही है। फिर भी पढ़ रहे हैं। सुबह दस बजे पढ़ने के लिए बैठे हैं और बारह बजे तक आपकी

नज़रें लगभग बारह बार घड़ी की ओर गई हैं कि कब बारह बजे और छुट्टी मिले। इस बीच आपने न जाने कितनी बार अपनी पीठ खुजलाई है और कुर्सी पर बैठे-बैठे ही कई-कई बार अंगड़ाइयाँ ली हैं। दो घण्टे काटना आपको कठिन लग रहा है। ऐसा क्यों? क्या घड़ियाँ थक गई थीं? जी नहीं। घड़ियाँ तो ठीक थीं। थक आपका मन गया था। इसलिए समय आपके लिए रुक गया। वह काटे ही नहीं कटा और दो घण्टे आपको बीस घण्टे के बराबर लगने लगे।

☑ सुबह स्कूल की घण्टी बजती है। आपका दिल धड़कने लगता है। वही घण्टी जब शाम को बजती है, तो आपका दिल कुँलाचें भरने लगता है। फिर जब वही घण्टी अगले दिन सुबह बजती है, तो आपको लगता है कि इतनी जल्दी क्यों बज गई। जबकि शाम की बजने वाली घण्टी आपको देरी से बजती हुई मालूम पड़ती है। यदि आप इन दोनों घण्टियों के बीच के समय को नापें, तो शाम की घण्टी से सुबह की घण्टी के बीच का अन्तर लगभग 17 घण्टे का होता है और सुबह की घण्टी से शाम की घण्टी के बीच का अन्तर केवल 7 घण्टे ही होता है। तो यह एक विचित्र-सा गणित है कि आपको सात घण्टे लम्बे मालूम पड़ रहे हैं और सत्रह घण्टे छोटे। यह गड़बड़ी किसने की है? जी हाँ, आपके मन ने।

☑ आप अपनी माँ से रात में यह कहकर सोते हैं कि 'माँ, मुझे चार बजे उठा देना, पढ़ना है।' माँ चार बजे उठाती है, लेकिन आप उठते नहीं। अगले दिन आपको रात में तीन बजे उठकर टी.वी. पर क्रिकेट मैच देखना है। आप माँ से कहते हैं 'माँ, मुझे तीन बजे उठा देना।' माँ आपको उठाने के लिए आती है और आपको बिस्तर पर न पाकर चौंक जाती है। उस समय आप बाथरूम में होते हैं। आप खुद सोचकर देखिए कि उस समय चार बजे उठाने पर भी आप नहीं उठे और आज आप उससे भी आधा घण्टा पहले बिना उठाये ही उठ गये। तो किस घड़ी ने यह काम किया?

☑ घर में आपके लिए दस मिनट की चिट्ठी लिखना भारी पड़ता है, लेकिन परीक्षा हॉल में आप तीन घण्टे लगातार लिखते रहते हैं। फिर भी आपको यह समय कम मालूम पड़ता है। क्या आपने कभी सोचा है कि ऐसा

क्यों हुआ?

☑ कॉलेज खुल गया है। नया-नया कॉलेज है या नयी-नयी कक्षा है और आपमें खूब जोश है। जोश है कि इस बार मैं साल भर जमकर पढ़ाई करूँगा। शुरू से ही पढ़ाई करूँगा, ताकि परीक्षा के समय परेशान न होना पड़े। कुछ दिनों तक आप ऐसा करते भी हैं। धीरे-धीरे स्पीड कम होती है और कुछ दिनों बाद तो आप सब कुछ भूलकर अपनी मस्ती में लग जाते हैं। आपकी माँ आपको याद दिलाती है कि 'पिछले साल तुमने परीक्षा के दिनों में बहुत परेशान किया था। इस साल मत करना। अपनी पढ़ाई कर लो।' आप कहते हैं कि 'हाँ, हाँ, परेशान नहीं करूँगा।' लेकिन पढ़ाई नहीं करते। ऐसा एक साल नहीं होता, दो साल भी नहीं होता, बल्कि हर साल होता है। सोचिए कि यह गड़बड़ी कौन कराता है?

☑ सुबह दस बजे स्कूल जाने के लिए आप नौ बजे तैयार होना शुरू करते हैं। आपको तैयार होने में एक घण्टा लगता है। एक दिन आपने 8.45 बजे ही तैयार होना शुरू कर दिया। इस हिसाब से आपको 9.45 बजे तैयार हो जाना चाहिए, लेकिन आप गौर करेंगे कि आप 10 बजे ही तैयार हो पाते हैं। तो ये बीच के 15 मिनट कहाँ गायब हो गये? यह चोरी आपके मन ने की है, क्योंकि मन ने आपकी सभी इन्द्रियों को यह संकेत दे दिया कि 'जनाब आज 15 मिनट बिफोर हैं।' यह संकेत पाते ही आपकी सभी गतिविधियाँ अपने सामान्य रफ्तार से धीमी हो गईं और इस प्रकार आपके 15 मिनट गायब हो गये।

☑ आप खेल रहे हैं। स्कूल की घण्टी बज गई। अब आपको कक्षा में जाना है। आप पढ़ रहे हैं और खेलने की घण्टी बज गई। अब आपको ग्राउण्ड में जाना है। आप एक काम कीजिए कि एक दिन आप इन दोनों समय को नाप लें - ग्राउण्ड से कक्षा में जाने पर लगने वाले समय को तथा कक्षा से ग्राउण्ड में जाने के लिए लगने वाले समय को। आपको दोनों में फ़र्क मिलेगा। दूरी एक ही है, लेकिन दोनों के लिए लगने वाले समय अलग-अलग हैं। मैं समझता हूँ कि इतना पढ़ने के बाद इस घपले का कारण तो आपकी समझ में आ ही गया होगा।

तो मित्रों, मैं इसे ही कहता हूँ - साइकोलॉजिकल क्लॉक। यह भगवान के द्वारा, प्रकृति के द्वारा हमारे दिमाग के किसी कोने में छिपाकर चुपचाप रख दी गई एक ऐसी अद्‌भुत घड़ी है, जो हमें दिखाई नहीं देती। इसकी कोई टिक-टिक आवाज भी सुनाई नहीं देती। इसका तो केवल हम अनुभव ही कर सकते हैं और करते ही हैं। यह हमारी च्वाइस नहीं है कि हम चाहें तो इस घड़ी का इस्तेमाल करें और यदि न चाहें तो इसे बन्द कर दें। यह हमारे हाथ में है ही नहीं। यह तो साँस लेने की तरह है। ***जिस प्रकार साँस के बिना जीवन नहीं है, ठीक उसी तरह एहसास के बिना समय नहीं है।***

इस प्रकार समय-प्रबंधन के बारे में जो सबसे महत्त्वपूर्ण सूत्र हमारे हाथ लगते हैं, वे यह हैं कि -

☑ प्रसन्न मन गतिमान होता है और

☑ प्रसन्न मन से ही समय सधता है।

यदि आपको समय को साधना है, तो आपको सबसे पहले अपने मन को प्रसन्न रखना होगा। ऐसा करके ही आप अपने चौबीस घण्टों को 42 घण्टे में तब्दील कर सकेंगे। ऐसा करके ही आप अपने 60 साल की जिन्दगी में इतना कर सकेंगे, जितना कि लोग 600 साल की ज़िन्दगियों में भी नहीं कर पाते। ऐसा करके ही आप रोज पाँच घण्टे पढ़कर आय.ए.एस. बन सकेंगे अन्यथा लोग 15 घण्टे पढ़कर एस.आई.(सब इन्सपेक्टर) भी नहीं बन पाते।

यदि आपको मेरी ये बातें सही लगीं और अच्छी लगीं, तो निश्चित रूप से अब आपके मन में यह जानने की इच्छा हो रही होगी कि तो फिर अपने मन को गतिमान कैसे किया जाए? कैसे उसे प्रसन्न रखा जाए और कैसे उस पर इस तरह नियंत्रण रखा जाए कि बजाय इसके कि हम उसकी बात मानें, वह ही हमारी बात मानने लगे। चूँकि समय को साधने का सीधा सम्बन्ध मन को साधने से है, इसलिए मैं यहाँ इसके बारे में भी थोड़ा-सा बताना चाहूँगा, ताकि आपको शिकायत करने का मौका न मिले।

मन पर नियंत्रण

हिन्दी में हम 'मनुष्य' हैं। अंग्रेजी में हम 'मैन' हैं। इन दोनों ही शब्दों में यदि कोई शब्द कॉमन है, तो वह है-'मन'। यानी कि ***हम मन हैं। यदि मन नहीं है, तो हम भी नहीं हैं।*** यदि मन हमारे साथ है, तो हम अपने साथ हैं और यदि मन ही हमारे साथ नहीं है, तो फिर हम उसके साथ हैं, जिसके साथ हमारा मन है और यह मन बंजारे की तरह इतना अधिक भटकता रहता है कि किसी एक स्थान पर टिककर बैठता ही नहीं और कोई भी व्यक्ति यह दावा करने की गलती न करे कि उसका मन भटकेगा नहीं।

आपको अर्जुन का किस्सा मालूम ही है। कितनी जबरदस्त एकाग्रता थी उसमें। यह एकाग्रता मन पर नियंत्रण करने से ही आती है। उसे डाल पर बैठी हुई चिड़िया नहीं, चिड़िया की आँख भी नहीं, बल्कि आँख की वह पुतली दिखाई दे रही थी, जिस पर उसे निशाना लगाना था। जाहिर है कि कितना जबरदस्त नियंत्रण रहा होगा, उसका अपने मन पर, लेकिन जब यही अर्जुन कुरुक्षेत्र में युद्ध के लिए पहुँचता है, तो उसका मन कमज़ोर पड़ जाता है। अब उसे कौरवों की सेना में अपने दुश्मन नहीं, बल्कि दुश्मनों के स्थान पर भाई, आचार्य और संबंधी दिखाई देने लगते हैं और यहीं सारी गड़बड़ी हो जाती है। तब कृष्ण को उन्हें समझाना पड़ता है। यह तो अच्छी बात हुई कि अर्जुन की समझ में आ गया। अन्यथा पक्का जानिए कि इस युद्ध में कौरवों की विजय होती।

तो पहली बात तो यह कि हम मन पर नियंत्रण कर सकेंगे, इस बात को ही भूल जाएँ। हम केवल इस बात को याद रखें कि हमें चूँकि इसी के साथ रहना है, इसलिए इससे दोस्ती करनी होगी। पानी में रहकर मगर से बैर करना सही नीति नहीं है। मन को यदि आप अपना दुश्मन मान लेंगे, तो गड़बड़ हो जाएगी। हमारे साथ गड़बड़ी अभी यह है कि वह हमारा मालिक बन गया है। वह जैसा चाहता है, हमसे वैसा कराता है। हमें करना यह है कि उसे या तो अपना दोस्त बनाना है या पार्टनर, ताकि जहाँ हम उसकी बात मानें, वहीं जहाँ ज़रूरत

हो, वह भी हमारी बात मान ले।

इसके लिए मैं आपको कुछ उपाय बता रहा हूँ।

☑ अभी आपका मुख्य काम है-पढ़ना। इस काम के प्रति आपकी प्रतिबद्धता जितनी अधिक होगी, मन पर आपका नियंत्रण उतना ही अधिक होगा। इस प्रतिबद्धता को पैदा करने के लिए आप अक्सर यह बात सोचें कि 'आखिर, मैं पढूँगा नहीं, तो करूँगा क्या?' आपके दिमाग में ऐसी बहुत-सी बातें आएँगी और दूसरे लोग भी बताएँगे, जिससे आपको लगने लगा कि 'सच में पढ़ने-लिखने से कुछ होना-जाना नहीं है।' आपको ऐसी फालतू की बातों के चक्कर में नहीं आना चाहिए।

यहाँ सवाल इस बात का है ही नहीं कि पढ़ने-लिखने से कुछ होगा या नहीं, बल्कि सवाल केवल इतना है कि आप जो काम कर रहे हैं, जिस काम में लगे हुए हैं, उसके प्रति ईमानदार रहे, प्रतिबद्ध रहे; फिर चाहे वह झाड़ू लगाने का ही काम क्यों न हो। बहुत-सी फालतू बातें घुन की तरह हमारे दिमाग में लगकर हमारे ठोस मस्तिष्क को खोखला कर देती हैं। इनकी बात मत मानिए।

☑ कहा जाता है कि 'खाली दिमाग शैतान का घर होता है।' यह कहावत नहीं है, बल्कि पूरी तरह सच है। आप अपने आपको अपने कामों में, अपने उद्देश्य में इतना अधिक व्यस्त रखें कि आपके इस शैतान को कुछ शैतानी करने की फुरसत ही न मिले।

☑ ***हमारा मन तब शक्तिशाली हो जाता है, जब हमारा संकल्प कमज़ोर पड़ जाता है।*** ठीक इसके विपरीत यदि संकल्प मजबूत है, तो मन को कमज़ोर पड़ना पड़ता है। यहाँ मैं आपको अपने इस संकल्प को मजबूत बनाने के दो छोटे-छोटे सरल, किन्तु मजेद्दार उपाय बता रहा हूँ।

पहला तो यह कि रोज़ कोई न कोई एक ऐसा काम करें, जिसे करने के लिए आपका मन नहीं कर रहा है। ठीक इसके विपरीत दूसरा यह कि रोज़ कोई न कोई एक वह काम न करें, जिसे करने के लिए आपका मन कर रहा है। ये दोनों ही काम मन के खिलाफ खड़े होने वाले काम हैं। इससे जहाँ आपके मन की मनमानी कम होगी, वहीं आपके मस्तिष्क और आत्मा की शक्ति में वृद्धि होगी। आपका मन धीरे-धीरे यह

समझने लगेगा कि यहाँ बात बनने वाली नहीं है।

☑ हमारे मन पर हमारे वातावरण का बहुत अधिक प्रभाव पड़ता है। कहा गया है कि 'जैसी संगत वैसी रंगत।' खगोलविज्ञानी जोहान्स केपलर ने ग्रहों की गति और वेग से सम्बन्धित मुख्यत: तीन नियम निरूपित किए थे। इनमें से दूसरा नियम था–क्षेत्रफल का। इसके अनुसार किसी भी ग्रह का वेग सूर्य की उसकी दूरी के अनुपात में होता है। जैसे-जैसे ग्रह सूर्य से दूर हटते जाते हैं, उनकी गति कम होती जाती है। सूर्य ऊर्जा का स्रोत है। अत: जो ग्रह इस ऊर्जा के जितने निकट है, वह उतना ही अधिक वेगवान है।

तो यह है–संगत का महत्त्व। रफ़्तार घटेगी तो मन की मनमानी बढ़ेगी। इसलिए ऐसे वातावरण में रहिए, ऐसे लोगों के साथ रहिए, जो आपके अन्दर ऊर्जा पैदा करते हैं। इससे आपकी सक्रियता बढ़ेगी और मन कमज़ोर पड़ेगा।

☑ ज़िन्दगी के लिए और इसी प्रकार रोज के लिए एक लक्ष्य बनाइए और खुद को उस लक्ष्य में झोंक दीजिए। ***उद्देश्यहीन व्यक्ति का मन बिना लगाम के घोड़े की तरह हो जाता है। ऐसे में भटकना निश्चित है।*** इससे कोई फर्क नहीं पड़ता कि आपका लक्ष्य छोटा है या बड़ा, लम्बे समय के लिए है या कम समय के लिए। इतना ही पर्याप्त है कि आपने एक लक्ष्य बनाया है और आज आप उस लक्ष्य के लिए काम करेंगे। इससे मन के मुँह में लगाम की रास फँस जाएगी। इस लगाम की डोर आपके मस्तिष्क के हाथों में होगी, जिसे आप अपनी इच्छानुसार मोड़ सकेंगे।

एक पहाड़ी लड़की अपने छोटे भाई को अपनी पीठ पर बाँधकर अपने घर जा रही थी। शहर से आए हुए राहगीर को उस छोटी–सी लड़की को अपनी पीठ पर यह वज़न लेकर पहाड़ों पर चढ़ते हुए देखकर दया आई। उस राहगीर ने लड़की से पूछा कि 'तुम इतना बोझ लेकर क्यों चल रही हो?' लड़की ने इधर–उधर देखा, मानो कि वह कुछ समझ ही न पाई हो। सच में वह राहगीर के प्रश्न को समझ नहीं पाई थी। इसलिए उसने उलटे राहगीर से ही प्रश्न किया–'मेरी पीठ पर बोझ कहाँ है?' राहगीर ने पीठ पर बँधे हुए बच्चे की ओर इशारा करके कहा–'वह रहा।' लड़की यह सुनकर चौंक गई। वह बोली– 'यह तो भाई है। बोझ कहाँ है?'

☑ वस्तुतः काम की अधिकता या वस्तु या वजन महत्वपूर्ण नहीं होता। महत्वपूर्ण होता है, उस काम या वस्तु के साथ जुड़ा हुआ हमारा एहसास। यदि आप पढ़ाई से, यदि आप किताबों से अपना रिश्ता भाई या बहन का बना लेंगे तो आपका मन इसे बोझ मानना बंद कर देगा और आप अपने समय का भरपूर इस्तेमाल करने लगेंगे।

मैंने यहाँ कुछ थोड़े से वे उपाय बताये हैं, जो आपके लिए लाभदायक हो सकते हैं। आप इन्हें करें। कुछ दिनों बाद आप पाएँगे कि चूँकि अब मन के साथ आपकी थोड़ी दोस्ती हो गई है, इसलिए समय के प्रबन्धन के मामले में ज्यादा दिक्कतें पेश नहीं आ रही हैं।

काम में आनंद

महान वैज्ञानिक आइंस्टीन ने अपनी मृत्यु के पूर्व अपने अन्तिम सन्देश के रूप में दुनिया के लोगों से कहा था कि 'मेरी कोई समाधि नहीं होगी। न मेरी चिता की राख कहीं बिखेरी जाएगी और न ही मेरा संग्रहालय कहीं बनाया जाएगा। मैंने काम से प्रेम किया है, सत्य को खोजने का प्रयास किया है। बस मेरी यही पहचान काफी है।' महान मनोवैज्ञानिक फ्रायड जब बूढ़े हो गये थे, तब उनसे पूछा गया था कि 'नौजवानों को अपने मानसिक स्वास्थ्य के लिए क्या करना चाहिए?' पत्रकारों को लम्बे उत्तर की उम्मीद थी, लेकिन बदले में उन्हें मिले केवल दो शब्द–'प्रेम एवं कार्य।' मैं इसे कहता हूँ–कार्य से प्रेम। प्लूटार्क का कहना था कि 'सीजर महान काम करने के लिए पैदा हुआ था।' मेरा कहना है कि–'आप भी'।

मेरे आत्मीय मित्रों, आप खुद यह बताइए कि यदि आप काम नहीं करेंगे, तो फिर क्या करेंगे? जीवन में यही तो एक ऐसी चीज़ है, जिसे आप बारह घण्टे तक कर सकते हैं। आप बारह घण्टे तक सो नहीं सकते, खेल नहीं सकते, खा नहीं सकते, लेकिन काम कर सकते हैं और आप यही नहीं करते हैं।

स्वाभाविक है कि कोई भी व्यक्ति काम इसलिए नहीं करना चाहता, क्योंकि उसे काम करने में मजा नहीं आता है और यदि मजा नहीं आ रहा है और फिर भी आपको करना पड़ रहा है, तो निश्चित जानिए कि वह काम ठीक से होगा नहीं। कभी-कभी तो मैं यह भी नहीं सोच पाता कि यदि काम करने में आनन्द नहीं है, तो फिर आनन्द है किसमें। आप इस बात को खुद महसूस करते हैं कि जिस दिन आपकी पढ़ाई अच्छे से हो जाती है, उस दिन आप आनन्दित हो जाते हैं। चित्रकार को सच्ची खुशी चित्र बनाकर, साहित्यकार को लिखकर, मजदूर को अपना काम पूरा करके और अध्यापक को पढ़ाकर मिलती है। यदि इन लोगों के साथ ऐसा नहीं हो रहा है, तो इन्हें चाहिए कि अपने लिए कोई दूसरा काम ढूँढ़ लें। आप अपने समय को केवल इस तर्क की आड़ में बरबाद न होने दें कि 'जो काम मैं करना चाहता हूँ, वह मुझे मिल नहीं रहा है और जो मुझे मिला हुआ है, उसे मैं स्वीकार नहीं करता।' सारी चीज़ें आपके अपने नियंत्रण में नहीं हैं। फिर आप ऐसा क्यों सोचते हैं ? अभी तो आपके पास अच्छा-खासा, सोचा-समझा एक काम है और वह काम है-पढ़ने का। पढ़िए। आनन्द के साथ पढ़िए। उसमें डूबकर पढ़िए। जब पढ़ें, तब उसमें डूब जाएँ। जब खेलें, तो उसमें डूब जाएँ। जब फिल्म देखें, तो उसमें डूब जाएँ। जब दोस्तों के साथ गप्प मारें, तो उसमें भी डूब जाए। ***जब जो कुछ भी करें, उसमें डूबकर करें। हर क्षण का आनन्द लें।*** ठीक वैसे ही जैसे वैज्ञानिक आइंस्टाइन लिया करते थे।

एक बार आइंस्टाइन बीमार पड़े। डॉक्टर आए उन्हें देखने। पाया कि इनका रक्तचाप बढ़ा हुआ है। डॉक्टर ने कहा कि 'महोदय, अच्छा होगा कि आप कुछ दिनों के लिए अपनी मनपसंद जगह पर चले जाएँ।' आइंस्टाइन उठे और अपनी प्रयोगशाला में चले गए। डॉक्टर उनके पीछे-पीछे भागा। डॉक्टर ने पूछा 'आप यहाँ क्यों आ गए?' आइंस्टाइन ने जवाब दिया 'डॉक्टर, आपने ही तो कहा था कि मैं अपनी मनपसंद जगह पर चला जाऊँ।'

वस्तुत: अपने काम में आनंद ही क्षण का आनंद है। तभी तो लोग काम में इतना खो जाते हैं कि भूख-प्यास तक का ज्ञान नहीं रह जाता। पूर्व राष्ट्रपति अब्दुल कलाम अपनी आत्मकथा 'अग्नि की उड़ान' में हमें बताते हैं कि 'मैं सभी बाहरी मुश्किलों को भूल अपनी कार्यशाला में उसी तरह जाया करता था, जिस तरह मेरे पिता बाहर जूते उतारकर मस्जिद में नमाज़ पढ़ने जाते थे।'

कर्म के प्रति यह उदात्त भाव ही हमें कर्म से जोड़कर सच्चा एवं अद्भूत आनंद दिला सकता है और ऐसे आनंद में पगे हुए हम अपने समय का समुचित और अधिकतम उपयोग कर सकेंगे।

मैं आपको एक मजेदार बात बताता हूँ। 'मुहूर्त' शब्द से आप परिचित ही हैं। इसका मतलब है-वह पवित्र और शुभ क्षण; जिसमें हम अपना कोई महत्त्वपूर्ण काम करते हैं। वेद में भी यह शब्द आया है, लेकिन वहाँ उसका अर्थ 'शुभ क्षण' से नहीं है। बल्कि उसका अर्थ है-उत्सव। क्या आप अपने प्रत्येक क्षण को मुहूर्त बना सकते हैं? यदि आप प्रत्येक क्षण से आनन्द की प्राप्ति करने लगें, तो वह प्रत्येक क्षण ही आपके जीवन का उत्सव बन जाएगा। इस प्रकार तो आपका पूरा जीवन ही उत्सवों का कभी खत्म न होने वाला सिलसिला बन जाएगा और इससे बड़ी बात भला और क्या हो सकती है। जब आप किसी भी क्षण में डूब जाते हैं, किसी भी क्षण में अपने शरीर, अपने मस्तिष्क और अपनी आत्मा को लगा देते हैं, तो उसी क्षण आपका समययोग सध जाता है। **यदि आप किसी भी काम में अपने को लगा देंगे, तो फिर ऐसा कैसे हो सकता है कि वह काम पूरा न हो।** घर में किसी अच्छे काम के लिए पण्डित से मुहूर्त इसीलिए तो निकलवाया जाता है, ताकि हमारा वह काम पूरा हो जाये। वह काम पूरा होगा, बशर्ते कि आप अपने हर क्षण को आनन्द में डुबाकर उसे मुहूर्त बना दें। याद रखिए ***मुहूर्त का मतलब है- उत्सव।***

जब आप ऐसा करने लगेंगे, तो देखेंगे कि आपका मन खिले हुए कमल की तरह प्रफुल्लित हो गया है। उसके सारे नकारात्मक सोच समाप्त हो गये हैं। अब वह यह नहीं सोचता कि 'इतने सारे काँटों के बीच में बेचारा

एक कोमल-सा गुलाब फँसा हुआ है।' बल्कि अब वह यह सोचता है कि 'अरे वाह! क्या कहने। इतने सारे काँटों के बीच एक गुलाब भी खिला हुआ है।' जिस दिन आपकी सोच इस तरह की सकारात्मक दिशा ग्रहण कर लेगी, उसी दिन आप समझ जाइएगा कि आपने अपने साइकोलॉजिकल क्लॉक को दुरुस्त कर लिया है। उसी दिन से आपको न तो अपने मन पर नियंत्रण रखने में दिक्कत आएगी और न ही समय को साधने में।

गलत मन को सारी दुनिया गलत नजर आती है। सही मन, प्रसन्न मन चारों तरफ सही और प्रसन्नता ही देखता है। यदि हमें ज़िन्दगी में कुछ करना है, कुछ पाना है और यह तो साफ है कि ऐसा समय का उपयोग करके ही किया जा सकता है, तो हमें अपने मन को प्रसन्न रखना ही होगा। हमें अपने काम में आनन्द पाना ही होगा। इसके सिवाय न तो मन पर नियंत्रण रखने का कोई अलग फार्मूला है और न ही जीवन को जीने की कला का कोई दूसरा उपाय। आप यह कीजिए, शेष सब कुछ अपने आप हो जाएगा।

☑ हमारे पास केवल यही क्षण है, जो हमारे हाथ में तारे की तरह जगमगा रहा है और बर्फ की तरह पिघल रहा है।

- मैरी बी. रे

☑ पीछे मत देखो और भविष्य का सपना भी मत देखो। इससे न तो बीता हुआ वापस मिलेगा और न ही तुम्हारे सपने पूरे होंगे। तुम्हारा कर्तव्य, तुम्हारा पुरस्कार और तुम्हारा भाग्य वर्तमान क्षण में मौजूद है।

- डेग हैमरस्कोल्ड

☑ अतीत की ओर बार-बार देखने पर एक समस्या यह आ सकती है कि हमारा भविष्य भी हाथ से निकल जाएगा।

- माइकेल सिबेन्को

अध्याय 8

वर्तमान में रहें

व्याकरण में आपने तीन काल पढ़े हैं – वर्तमान, भूत और भविष्य। इन तीनों के बारे में आप अच्छे से जानते हैं। इसलिए यहाँ उन्हें दोहराने से कोई फायदा नहीं होगा। जो बीत गया, वह भूत है। जो अभी है, वह वर्तमान है और जो अभी आएगा, वह भविष्य है। हमारा पूरा जीवन इन्हीं तीनों कालों के आधार पर आगे बढ़ता रहता है। जैसे-जैसे हमारी उम्र बढ़ती जाती है, हमारा अतीत लम्बा होता चला जाता है और भविष्य छोटा। अभी आप उम्र की जिस दहलीज पर हैं, उसमें निश्चित रूप से आपका अतीत छोटा है और भविष्य बहुत लम्बा। वर्तमान का आकार तो हमेशा एक जैसा ही रहता है। यह न कभी लम्बा होता है और न ही छोटा। जो कुछ आज है, वही वर्तमान है, जो कुछ अभी है, वही वर्तमान है। आज अगले दिन कल बन जाएगा और जैसे ही यह कल बनेगा, वैसे ही यह भूत बन जाएगा।

आइए, इस छोटी-सी चर्चा के बाद अब हम यह देखें कि हम रहते कहाँ हैं। हम यह जानें कि हमें रहना कहाँ चाहिए ?

जैसा कि इस अध्याय का शीर्षक ही है, आप समझ गये होंगे कि आपके इस प्रश्न का उत्तर मैं क्या देने जा रहा हूँ। 'हमें कहाँ रहना चाहिए ?' निश्चित रूप से आपको ही नहीं, बल्कि किसी को भी, सभी को अपने वर्तमान में ही रहना चाहिए। इसे अंग्रेजी में कहा जाता है 'प्रेज़ेन्ट'। उपहार को

भी अंग्रेजी में कहा जाता है– 'प्रेज़ेन्ट'। मैं नहीं समझता कि इस ब्रह्माण्ड ने हमें वर्तमान काल के रूप में जो यह उपहार दिया है, उससे भी बड़ा कोई अन्य उपहार हो सकता है। सचमुच, यह हमको दिया गया एक अमूल्य उपहार है, जिसे हमें सम्हालकर, बहुत सम्हालकर रखना है।

वर्तमान में रहना इसलिए भी बहुत ज़रूरी है, क्योंकि भूतकाल और भविष्य का जन्म इस वर्तमान से ही होता है। जो बीता हुआ कल है, वह कभी न कभी तो आपका आज रहा होगा। जब वह आज था, तब आपने उसके साथ जैसा सलूक किया था, वही आज उसी तरह का कल बन गया है। यदि आपका व्यवहार आज के साथ अच्छा था, तो आपका बीता हुआ कल भी अच्छा होगा। अब, जबकि वह आज बीता हुआ कल बन चुका है, तो आपके दिमाग में उसकी स्मृतियाँ शेष रह गई हैं। समय तो चला गया। अब केवल यादें बची हैं। यदि आज अच्छा नहीं बीता, तो स्मृति भी अच्छी नहीं होगी। यह सब कुछ केवल इस बात पर निर्भर करेगा कि आपने उस आज को किस प्रकार जिया था। कर्ण की यह कथा इस बात का और खुलासा करती है।

दानवीर कर्ण के नाम से आप सभी परिचित हैं। कहा जाता है कि उस महादानी के पास से कोई भी कभी ख़ाली हाथ नहीं लौटा।

एक दिन की बात है। एक व्यक्ति उनके पास कुछ माँगने गया। उस समय कर्ण ने अपने दाएँ हाथ में कोई वस्तु पकड़ रखी थी। इसलिए उन्होंने अपने बाएँ हाथ से अपने गले में पहनी सोने की माला उतारकर उस याचक को दे दी। कर्ण के बग़ल में खड़े मित्र ने कर्ण को टोका और बताया कि बाएँ हाथ से दान नहीं दिया जाता। दान हमेशा दाएँ हाथ से दिया जाता है। इस पर कर्ण ने जो कहा, वह ध्यान देने योग्य है। कर्ण का उत्तर था–

'मेरे मित्र! बात तो तुम्हारी ठीक है, लेकिन तुम मुझे यह बताओ कि बाएँ हाथ से माला उतारकर उसे दाएँ हाथ में लेते समय यदि मेरा मन बदल जाता तो? कहीं मन बदल न जाए, इसलिए मैंने तत्काल ही बाएँ हाथ से ही दान दे दिया।'

ध्यान दीजिए कि कर्ण जैसे दानवीर को भी इस बात का भय रहता था कि 'कहीं मन बदल न जाए।'

मैं समझता हूँ कि यह बात आपकी समझ में आ रही होगी। यदि थोड़ी-सी कठिन लग रही हो, तो धैर्य न खाएँ। धीरे-धीरे पढ़कर इसे समझने की कोशिश करें। यह कठिन नहीं है। केवल धैर्य की माँग करता है।

अब हम आते हैं-भविष्य पर। भविष्य अभी आया नहीं है, लेकिन आएगा। अतीत तो वैसा हो गया, जैसा आपने उसे बनाया, लेकिन ***याद रखिए कि भविष्य भी वैसा ही होगा, जैसा कि आप उसे बनाएँगे।*** अभी आप पढ़ रहे हैं। बताइए कि क्यों पढ़ रहे हैं? आप इसलिए पढ़ रहे हैं, ताकि डॉक्टर, इन्जीनियर, प्रशासक आदि कुछ बन सकें और आप जो कुछ भी बनेंगे, वह सब आज नहीं बनेंगे, भविष्य में बनेंगे। तो आपको जो कुछ भी बनना है, वह भविष्य में बनना है, लेकिन यह बनना तभी सम्भव हो सकेगा, जब आप अपने वर्तमान को ठीक-ठाक रखेंगे। यदि आपने वर्तमान को नष्ट कर दिया, तो पक्का जानिए कि आपका भविष्य भी नष्ट हो जाएगा। उसे कोई नहीं बचा सकता। आप लाख कोशिश करें, मेरी इस बात को झुठला नहीं सकेंगे।

तो इसका मतलब यह हुआ कि इस वर्तमान की कोख से ही अतीत का जन्म हुआ है और इसी की कोख में भविष्य पल रहा है, जिसका जन्म बाद में होगा। क्या इससे यह सिद्ध नहीं हो रहा है कि ***आप जो कुछ भी हैं, वह वर्तमान ही है।*** आपको जो कुछ भी करना है, वह वर्तमान में ही करना है। वर्तमान के साथ ही करना है। अतीत तो आपकी पकड़ से बाहर ही हो गया है। उसका अब आप कुछ नहीं कर सकते। भविष्य अभी आपके हाथों में आया नहीं है। इसलिए उसका भी आप कुछ नहीं कर सकते, लेकिन इतना फर्क जरूर है कि अतीत जहाँ एक कटी हुई पतंग है, वहीं भविष्य आसमान में उड़ रही एक ऐसी पतंग है, जिसकी कम से कम डोर तो आपके हाथ में है। इसलिए आप उस पर थोड़ा-बहुत नियंत्रण तो रख ही सकते हैं। नियंत्रण रखने का यह काम डोरी के ज़रिए होगा; उस डोरी के ज़रिए, जो आपके हाथों में है और जो आपके हाथों में होता है, वही वर्तमान होता है।

लेकिन हमारी विडम्बना यह है कि हमें रहना तो चाहिए वर्तमान में, लेकिन हम अक्सर या तो अतीत में दुबके रहते हैं या भविष्य में उड़ते रहते हैं। वर्तमान में तो बहुत ही कम रहते हैं। ***स्मृतियाँ अतीत होती हैं। कल्पना भविष्य होता है। हम अतीत को याद करते हैं और भविष्य की कल्पना करते हैं।*** हमारा अधिकांश समय इसी में बीत जाता है। जब भी आप अपने किसी दोस्त से मिलकर बातें करते हैं, तो यदि आप उन बातों का जायजा लें, तो पाएँगे कि इनमें से आधे से अधिक बातें अतीत की थीं। एक चौथाई से अधिक बातें भविष्य की थीं। वर्तमान की बातें तो मुश्किल से 10–15 प्रतिशत ही थीं, जबकि अधिक बातें वर्तमान की होनी चाहिए, लेकिन ऐसा होता नहीं है, किन्तु आपको ऐसा करना है, क्योंकि आप अपने भविष्य को गढ़ने जा रहे हैं और यह काम केवल वर्तमान में ही रहकर किया जा सकता है।

वर्तमान में रहने का अर्थ है–अपने काम में लग जाना। जब आप काम में लग जाएँगे, पढ़ने में खो जाएँगे, तब आपका दिमाग न तो अतीत में जाएगा और न ही भविष्य में। आखिर मन भटकता कहाँ है? वह या तो अतीतपुर में चला जाता है या फिर भविष्यनगर में। यदि आप अपने दिमाग की ज़मीन पर से इन दोनों ही नगरों को मिटा दें, तो फिर जाने के लिए उसके पास ज्यादा जगह बचेगी नहीं और ऐसा केवल तभी हो सकता है, जब आप काम में रत हो जाएँ। यदि आप यह करने लगें, तो आपको अपना हर बीता हुआ दिन अच्छा लगने लगेगा, क्योंकि उसका आपने अच्छा उपयोग किया था। साथ ही आपको अपना भविष्य भी सम्भावित लगने लगेगा, क्योंकि आप उसे गढ़ने में पूरी तरह लगे हुए हैं।

न तो अतीत का रोना रोने से कुछ होता है और न ही भविष्य की ऊल-जलूल कल्पना करने से। हाँ, यदि अतीत से कुछ सीखना ही है, तो आप यह सीखें कि ***मैंने अपने कल को नष्ट किया था। अब मैं अपने आज को नष्ट नहीं करूँगा।*** यदि भविष्य की कल्पना ही करनी है, तो ऐसी कल्पना करें, जो आपके अन्दर जोश भर सके, आपके लिए प्रेरणा का काम कर सके। अब्दुल कलाम साहब ने उड़ती हुई चिड़िया को देखकर

उड़ने की कल्पना की और प्रक्षेपास्त्र बना डाला। सतर्क रहें कि कलाम साहब यदि युवाओं से सपना देखने की बात कहते हैं, तो वह ऐसा सपना होता है, जिसे पूरा करने के लिए आप श्रम कर सकें। उसे नींद में देखे जाने वाला सपना मत समझिए। वह जागते हुए और अच्छी तरह सोच-समझकर देखा जाने वाला सपना है। यह सपना अपने आप नहीं आता, बल्कि इसे आप बनाते हैं। चूँकि इस सपने को आपने बनाया है, इसीलिए आप ही इसे साकार भी कर सकते हैं।

इसका एक फार्मूला है। फार्मूला यह है कि आप जिस तरह के सपने देखेंगे, आपके दिमाग में उसी तरह के विचार आएँगे। आपके दिमाग में जिस तरह के विचार आएँगे, आप उसी तरह के काम करेंगे और बात स्पष्ट है कि आप जिस तरह के काम करेंगे, उसी तरह के काम होंगे। इसका अर्थ यही हुआ कि आप जो बनने का सपना देख रहे थे, आप वही बन सकते हैं, लेकिन यह तभी सम्भव है, जब आप अपने वर्तमान का खूब जमकर अधिक से अधिक सार्थक इस्तेमाल करें। इसीलिए मैंने कहा है कि वर्तमान में रहिए। अधिक से अधिक वर्तमान में रहिए।

☑ अभी आराम करने का समय नहीं है। अभी साहस और सहनशीलता का समय है।

- विन्सटन चर्चिल

☑ तुम्हें देर हो सकती है, लेकिन समय को नहीं।

- बेंजामिन फ्रेंकलिट

☑ हम जितना ज्यादा करते हैं, उससे भी ज्यादा कर सकते हैं। हम जितने ज्यादा व्यस्त रहते हैं, इतने ही ज्यादा मस्त रहते हैं।

- विलियम हेज़लिन

☑ प्रतिदिन कुछ न कुछ करो। यह तुम्हें धीरे-धीरे अच्छे भविष्य के निकट ले जाएगा।

- डॉग फॉयरबॉघ

अध्याय 9

परीक्षा, छुट्टियाँ और नया साल

अब मैं आपको यह बताने जा रहा हूँ कि आपको परीक्षा के लिए, गर्मी की अपनी छुट्टियों का तथा नये साल के दिन का प्रबन्धन कैसे करना चाहिए।

परीक्षा के लिए समय प्रबन्धन

प्यास लगने के बाद यदि कुँआ खोदा जाता है, तो ऐसे व्यक्ति की नियति होनी ही है कि वह प्यासा मरेगा। ठीक यही बात परीक्षा के लिए समय के प्रबन्धन के बारे में भी है। परीक्षा आने पर समय का प्रबन्धन करना ठीक वैसा ही है, जैसे कि घर में आग लगने के बाद पानी की तलाश में भटकना। यदि परीक्षा के समय की व्यवस्था करनी है, तो वह उसके शुरू होने से काफी पहले ही की जानी चाहिए।

समय-प्रबंधन के बारे में एक बात हमारे दिमाग में बिल्कुल साफ होनी चाहिए कि यह एक प्रकार का अनुशासन होता है और बिना अनुशासन के कोई भी उपलब्धि प्राप्त नहीं होती। ध्वनि को अनुशासित करने से वह राग बन जाता है। यदि शब्दों को अनुशासित कर दिया जाए, तो वही कविता बन जाती है। पानी को अनुशासित कर देने से वही नहर और नदी का रूप ले लेता है। ठीक इसी तरह जब हम कोई एक लक्ष्य निर्धारित

करके उसे समय की सीमा में अनुशासित कर देते हैं, तभी वह हमारी सफलता का कारण बनता है।

इसमें कोई दो मत नहीं कि जब आप अपनी परीक्षा के लिए समय की व्यवस्था करने के बारे में सोचेंगे और उसे कार्यरूप देंगे, तब आपके दिमाग में हलका-सा तनाव उभरेगा, लेकिन इससे परेशान होने की ज़रूरत इसलिए नहीं है, क्योंकि जीवशास्त्री भी इस बात को खुले मन से स्वीकार करते हैं कि जीवन के लिए थोड़ा-बहुत तनाव होना आवश्यक होता है। इसलिए हमें इस तनाव को खुले मन से आमंत्रित करना चाहिए और आने के बाद खुले हृदय से उसका स्वागत करना चाहिए।

यहाँ मैं परीक्षा के दो माह पूर्व के समय-प्रबंधन की चर्चा करने जा रहा हूँ। परीक्षा के पूर्व के साठ दिनों का मूल्य एक बराबर नहीं है। जैसे-जैसे आपकी परीक्षा के दिन नजदीक आते जाएँगे, वैसे-वैसे आपके दिनों की कीमत बढ़ती चली जाएगी। इसलिए अपने समय का प्रबन्धन करते समय इस बात का ध्यान रखें कि आपकी समय-सारणी पिरामिड की तरह हो। कहने का अर्थ यह है कि आपको यदि अन्य कुछ काम निपटाने हैं, तो अभी शुरुआत में ही निपटा लें। जैसे-जैसे आप परीक्षा के नजदीक पहुँचते जाएँगे, वैसे-वैसे आपके उद्देश्य को पिरामिड की तरह नुकीला होते चले जाना है। यानी कि आपको स्वयं को क्रमशः अध्ययन की ओर केन्द्रित करते जाना है। इसलिए परीक्षा के लिए समय-प्रबन्धन का पहला सूत्र यही होगा कि यदि कुछ आवश्यक कार्य हैं, तो उन्हें जल्दी से जल्दी निपटाकर उनसे मुक्त हो जाएँ।

अब मैं आता हूँ - समय प्रबन्धन के कुछ व्यावहारिक पहलुओं पर। एक अच्छे विद्यार्थी के लिए ज़रूरी है कि वह अपने सारे पाठ्यक्रम को परीक्षा के कम से कम पन्द्रह दिन पहले तो पूरा कर ही ले। इसके बाद उनको दोहराने में लग जाए। वस्तुतः आपको यह नहीं भूलना चाहिए कि पढ़ाई की क्रिया एक प्रकार से कमरे में झाड़ू लगाने की क्रिया या फर्श की घिसाई करने जैसी होती है। कमरे में थोड़ी-थोड़ी देर बाद झाड़ू लगाइए, कुछ-न-कुछ कचरा निकल ही आएगा। फर्श की जितनी घिसाई करेंगे,

उसमें उतनी ही चमक आयेगी। ठीक इसी तरह आप अपने पढ़े हुए और यहाँ तक कि याद किये हुए विषय को जितनी बार दुहराएँगे, आपके दिमाग से उसके बारे में उतनी ही गलतफहमियाँ दूर होती जाएँगी और उस विषय के बारे में आपका मस्तिष्क उतना ही अधिक स्पष्ट होता चला जाएगा। किसी विषय की जानकारी के बारे में यही वह आदर्शतम् स्थिति होती है, जब आप अधिक से अधिक अंक प्राप्त कर सकते हैं। ऐसा किया ही जाना चाहिए।

इस प्रकार यदि आप कम से कम परीक्षा से पन्द्रह दिन पहले के समय को दोहराने के लिए छोड़ दें, तो आपके पास पढ़ने के लिए डेढ़ महीने का समय बचता है। फिलहाल आपको इस डेढ़ महीने की व्यवस्था करनी है। यह व्यवस्था किस प्रकार की जानी चाहिए, इस सम्बन्ध में मैं कुछ महत्त्वपूर्ण बिन्दु प्रस्तुत कर रहा हूँ –

☑ सबसे पहले उन विषयों या विषय के उन टॉपिक्स के लिए समय निश्चित करें, जिन्हें अभी भी आपने पढ़ा नहीं है। इसके लिए दिन निर्धारित कर लें और उस समय-सीमा में किसी भी हालत में इन टॉपिक्स को तैयार करें।

☑ समय के अधिकतम उपयोग के लिए यह अच्छा होगा कि आप एक दिन में एक ही विषय की तैयारी करें।

☑ आपके पास अभी 45 दिन हैं। आप देखिए कि किस विषय को कितने दिन और एक दिन में कितने घण्टे दिये जाने पर परीक्षा से पन्द्रह दिन पहले आप अपना पाठ्यक्रम पूरा कर लेंगे। उसी तरह से समय का विभाजन करें।

☑ इस बात की भी व्यवस्था करें कि जिस विषय या टॉपिक को आपने पढ़ा है, उसे कुछ दिनों के बाद आप दोहरा सकें। ऐसा न करने की स्थिति में आपको अपनी तैयारी का पूरा लाभ नहीं मिल पाएगा।

☑ यदि आपकी आदत नोट्स बनाने की है, तो अब समय नहीं रह गया है। बेहतर यही होगा कि सीधे पुस्तक से ही पढ़ें। नोट्स न बनाने का तनाव मन में न रखें।

☑ हर एक दिन की समय-सारणी कुछ इस तरह बनायें कि बीच में

मन बहलाने का थोड़ा-सा अवसर रहे। आखिर हमारा दिमाग भी हमारे हाथ-पैर की तरह ही हमारे शरीर का एक अंग है। उसकी भी अपनी क्षमता है और कुछ आदतें हैं। जिस तरह सोने से शरीर ताजा होता है, उसी तरह मन बहलाने से मस्तिष्क ताजा होता है, लेकिन ध्यान रहे कि एक सीमा के अन्दर ही यह मनोरंजन होना चाहिए। इसके लिए आपको अपने प्रति निर्मम बनना होगा।

☑ हर काम के अच्छी तरह से होने का एक अनुकूल समय होता है, ठीक वैसे ही जैसे कि भोर के समय राग भैरवी गायी जाती है। ***पढ़ने का भी आदर्शतम् समय भोर का होता है।*** आप यदि सुबह चार बजे से सात बजे तक या पाँच बजे से आठ बजे तक पढ़ते हैं, तो सही अर्थों में इन तीन घण्टों में आप इतनी पढ़ाई कर लेंगे, जितनी आप दिन में या रात में पाँच घण्टे में कर पाएँगे। इस प्रकार आप प्रतिदिन केवल यह तरीका अपनाकर बड़े आराम से दो घण्टे बचा सकते हैं।

☑ यदि आपकी आदत सुबह घूमने जाने की है, तो आप घूमने के दौरान पिछले दिन या भोर में पढ़े हुए टॉपिक्स को मन ही मन दोहराकर अपने उस समय का उपयोग कर सकते हैं। ठीक यही बस-ट्रेन में सफर करते हुए भी किया जा सकता है।

अब हम आते हैं - परीक्षा से पंद्रह दिन पहले के समय का प्रबन्धन करने के बारे में-

☑ जो प्रश्न-पत्र पहले शुरू होने हैं, उन्हें पहले दोहराना शुरू करें और उसी क्रम में दोहराते चले जाएँ। यह निर्धारित कर लें कि एक प्रश्न-पत्र को दोहराने में आप कितने दिन लगाना चाहेंगे?

☑ परीक्षा के निकट आने पर अब आप पूरे विषय को न दोहराएँ, बल्कि उसके केवल महत्त्वपूर्ण टॉपिक्स को ही दोहराएँ। सामान्य टॉपिक्स पर केवल सरसरी निगाह डालें।

☑ यदि किसी प्रश्न-पत्र में काफी दिनों का गैप मिल रहा हो, तो अभी उस पर अधिक ज़ोर न दें। उसकी तैयारी के लिए अन्तराल के उन दिनों का पूरा उपयोग करें। यदि आपको लगता है कि उन्हीं दिनों में आप उसे अच्छी तरह दोहरा लेंगे, तो उसे पूरी तरह छोड़ा भी जा सकता है।

☑ परीक्षा के पन्द्रह दिन पहले आपको और अधिक व्यवस्थित तथा अध्ययन-केन्द्रित हो जाना चाहिए। अपनी सारी गतिविधियों को एक शंकुक की शक्ल में ढालते चलें।

☑ मन को शान्त रखने की कोशिश करें, क्योंकि शान्त और प्रसन्न मन ही गतिमान रहता है और गतिशील मन ही पढ़े हुए को ग्रहण करता है। यदि कोशिश करने के बाद भी कुछ टॉपिक्स शेष रह जा रहे हों, तो विचलित न हों। हमारी परीक्षा की पद्धति ऐसी है कि वहाँ कुछ को छोड़ा जा सकता है।

☑ परीक्षा के जैसे-जैसे करीब पहुँचें, वैसे-वैसे आपका अध्ययन 'सिलेक्टिव' होते चले जाना चाहिए। अनावश्यक टॉपिक्स को पढ़कर आत्मसन्तोष प्राप्त करने के मोह से बचें।

मैं समझता हूँ कि इस पद्धति को अपनाकर आप अपने समय का सर्वोत्तम उपयोग करते हुए निश्चित रूप से अपने प्राप्तांकों में काफी वृद्धि कर सकते हैं।

छुट्टियों की यूँ ही न करें छुट्टी

इससे पहले कि यह जानें कि आपको छुट्टियों में क्या करना चाहिए, यह जानना कम उपयोगी नहीं होगा कि छुट्टी का मतलब क्या होता है।

आपने देखा है कि सप्ताह में एक या दो दिन की छुट्टी रहती है। स्कूल और कॉलेज में साल में लगभग दो महीने की छुट्टी रहती है। कोर्ट-कचहरी में भी एक महीने का वेकेशन रहता है। सरकार तथा निजी कम्पनियाँ भी अपने यहाँ काम करने वालों को साल में 15 दिन या एक महीने की छुट्टी देती हैं।

वस्तुतः इस छुट्टी के कई अर्थ हैं। यह आराम का दिन तो होता ही है, लेकिन उससे भी कहीं अधिक यह ऊर्जा की पुनर्प्राप्ति का दिन भी होता है। जैसे रात में सोकर हम स्वयं को सुबह के काम के लायक बनाते हैं, ठीक उसी प्रकार हम छुट्टियों में काम न करके स्वयं को अगले सप्ताह के लायक बनाते हैं।

इतना ही नहीं, बल्कि यह हमारी एकरसता (मोनोटोनी) को भंग करने का भी आधार है, ताकि हम अपने काम से ऊबे नहीं। इसी छुट्टी के कारण हम अपने सम्बन्धों को निभाकर अपने भाव-जगत को मजबूत बनाते हैं, जो जीवन के लिए बहुत ज़रूरी है।

लेकिन इन सबसे भी बड़ी बात है कि ये छुट्टियाँ ही तो होती हैं, जब हम सही मायने में स्वयं के साथ होते हैं। ये ही तो वे दिन होते हैं, जब हम वह कर सकते हैं, जो हम करना चाहते हैं अन्यथा तो हम साल भर वह करते रहते हैं, जो दूसरे कराते रहते हैं। इसलिए हमें छुट्टियों को 'काम से मुक्ति' के रूप में न लेकर 'अपनी इच्छानुसार काम करने के अवसर' के रूप में लेना चाहिए। एक ऐसे समय में; जबकि आप अपने कैरियर को बनाने के दौर से गुजर रहे हों तथा समाज में इतनी जबरदस्त प्रतियोगिता हो, तब तो यह बात कुछ ज्यादा ही ज़रूरी हो जाती है।

किन्तु यहाँ इस बात को कभी नहीं भूलना चाहिए कि आप इस समय जो कुछ भी करें, वह वही न हो, जो कि आप अभी तक करते रहे हैं। उदाहरण के लिए आप साल भर तक पढ़ते रहे हैं। अब यदि आप छुट्टियों में भी पढ़ने में जुट जाएँगे, तो मामला गड़बड़ा जाएगा। फिर तो छुट्टियों का कोई अर्थ ही नहीं रह जाएगा। हाँ, यदि आपको पढ़ना ही है, तो कोर्स की किताबों की बजाय साहित्य, संस्कृति, जीवनियाँ आदि पढ़ें। मैंने पाया है कि अभिभावक इस समय अपने बच्चों को अगली कक्षा की पढ़ाई करने पर ज़ोर देते हैं, जो पूरी तरह सही नहीं है।

सही तो यह है कि छुट्टियों का उपयोग आपको अपनी सर्जनात्मक क्षमता का विकास करने के लिए करना चाहिए, ताकि आपका व्यक्तित्व व्यापक, गहरा, प्रभावशाली एवं रचनात्मक बन सके। अब यह आपके ऊपर है कि छुट्टियों में आप स्वयं को उन किन कामों में लगाते हैं जो आपके अन्दर की रचनात्मकता को उभार सकें। यह दो बातों पर निर्भर करता है। एक तो यह है कि आपकी रुचि क्या है? नृत्य, गायन, चित्रकला, अभिनय, क्ले माडलिंग, रॉक क्लाइम्बिंग तथा खेल आदि अनेक ऐसे क्षेत्र हैं, जिनमें से किसी एक में आपकी रुचि हो सकती है। छुट्टियों के दिन आपको वह मौका देते हैं कि

आप अपनी इस तरह की प्रतिभाओं को निखार सकें।

दूसरा यह कि आपके आसपास किस तरह की सुविधाएँ उपलब्ध हैं। यदि रुचि का काम नहीं मिल रहा है, तो कोई बात नहीं। जो मिल रहा है, उसे ही अपनी रुचि बना लें। कुछ न कुछ जरूर करें और ऐसा कुछ करें जो आपके रुटीन से हटकर हो। छुट्टियों को यूँ ही सोकर न गवाएँ।

छुट्टियों में अक्सर विद्यार्थी अपने दादा-दादी, नाना-नानी के पास और अपने गाँव जाते हैं। कुछ लोग घूमने के लिए जाते हैं। यह भी बहुत अच्छा है। इससे आपको बहुत अधिक सीखने को मिलता है। आप जीवन का एक नया रूप देखते हैं। बुजुर्गों की निकटता और उनके अनुभव हमारे जीवन को सुदृढ़ बनाते हैं। यदि आप वहाँ जाएँ, तो उनसे खूब बातें करें। उनसे उनके बारे में, उनके समय के बारे में खूब पूछें। इससे उन्हें अच्छा लगेगा और आपको मज़ा आएगा। गाँव जाने पर गाँव के लोगों से ज्यादा से ज्यादा मिलें। घर में घुसे न रहें। ग्रामीण जीवन के बारे में जानकारी लें। अच्छा होगा कि आप अपने गाँव पर एक प्रोजेक्ट ही तैयार कर लें।

यदि घूमने जा रहे हैं, तो केवल घूमें ही नहीं, बल्कि उस जगह का अनुभव भी करें। घूमने का अर्थ होता है - उस स्थान को जीना। यह एक प्रकार से इतिहास और भूगोल को जीना है। वहाँ जाकर सक्रिय रहें। लोगों से मिलकर वहाँ के बारे में ज्यादा से ज्यादा जानकारी बटोरें। आप उस पर भी एक प्रोजेक्ट तैयार कर सकते हैं।

गर्मी से डरे नहीं। इसका मुकाबला करें। इसे जीना सीखें। इसे अपना मित्र बना लें, तभी आप इन छुट्टियों का आनन्द उठा सकेंगे तथा लाभ भी।

नया साल

हर साल की तरह इस साल भी नया साल शुरू होगा। एक साल बाद फिर से नया साल शुरू हो जाएगा और इसी तरह एक दिन हम पूरे हो जाएँगे। हर साल के नये साल का हम बड़े उल्लास से स्वागत करते हैं। शुभकामनाएँ देते हैं और ढेर सारी शुभकामनाएँ लेते भी हैं, लेकिन क्या

हमने कभी यह सोचा है कि हमें जितनी भी शुभकामनाएँ मिलती हैं, उनमें से कितनों को हमने सच करके दिखाया है? जी हाँ, ***सपने स्वयं सच नहीं होते, उन्हें सच करना पड़ता है।***

हम सभी के जीवन में कम से कम दो बार और यदि कोई विवाहित है, तो तीन बार नया साल आता है- जन्मदिन, एक जनवरी तथा विवाह की तिथि। अब यह आपके ऊपर निर्भर करता है कि आप किसे सच्चे अर्थों में अपना नया साल मानते हैं।

अधिकांश लोगों के लिए एक जनवरी ही नया वर्ष होता है, भले ही इस नये वर्ष के दिन नया जैसा कुछ भी न हो- न तो मौसम, न प्रकृति और न ही आसपास का अन्य कुछ। तो यदि सचमुच नये साल को सार्थक करना है, तो ज़रूरी है कि कुछ तो ऐसे नए की शुरुआत करें कि पूरा साल अपने पिछले साल की तुलना में नया बनकर हमारे जीवन में कुछ नया जोड़े अन्यथा तो यह भी साल, जो अभी तक नया नजर आ रहा है, कुछ समय बाद पुराना पड़कर पिछले जैसा ही हो जाएगा। क्या हमारी अभी तक की ज़िन्दगी लगभग इसी तरह आगे नहीं बढ़ी है?

वस्तुतः नये वर्ष के स्वागत का अर्थ है - एक नई चेतना, एक नया भाव, एक नया संकल्प, कुछ ऐसा नया करने की प्रतिज्ञा; जो अब तक नहीं किया और कुछ ऐसा छोड़ने का भाव कि जिसके साथ चलना मुश्किल हो गया है। ऐसा करके ही हम नए वर्ष का सच्चे अर्थों में स्वागत कर सकते हैं।

सच तो यही है कि नया वर्ष नया संकल्प लेने का एक अवसर होता है; एक ऐसा संकल्प, जिसे हम लगातार साल भर तक निभाते रहें और ***जब किसी संकल्प को लगातार साल भर तक निभाया जाता है, तो वही हमारी आदत बन जाती है।*** यही आदत हममें कुछ इस तरह घुल-मिल जाती है कि वही हमारा व्यक्तित्व बन जाता है। इसलिए ज़रूरी है कि हम इस अवसर पर कोई एक संकल्प लें। याद रखिए कि मैं बड़े संकल्प की बात नहीं कर रहा हूँ, छोटे-छोटे संकल्पों की बात कर रहा हूँ। लोगों के साथ दिक्कत यह है कि वे इतने बड़े-बड़े संकल्प ले लेते हैं कि या तो वे इसके लायक नहीं होते और यदि थोड़े-बहुत होते भी हैं, तो उसे निभाना इतना

कठिन होता है कि कुछ समय बाद उससे मुक्ति पाने की इच्छा होने लगती है और अन्ततः उससे मुक्ति पा भी ली जाती है। हमारा संकल्प छोटा ही होना चाहिए, ताकि हम उसे आसानी से निभा सकें। सच तो यह है कि संकल्प न तो छोटा होता है और न ही बड़ा। यह तो हमारे मन का केवल एक आधार होता है, जिसे हम बार-बार करके अपनी ही परीक्षा ले रहे होते हैं। ऐसा करने से हमारे मन की शक्ति बढ़ती है और अन्ततः मन की ही शक्ति शरीर को शक्ति प्रदान करती है।

यह संकल्प बहुत विचारपूर्वक और पूरे स्थिर मन से लिया जाना चाहिए और यदि एक बार ले लिया गया है, तो उसे किसी भी कीमत पर पूरा किया ही जाना चाहिए। इस तरह के संकल्प कई प्रकार के हो सकते हैं, जैसे-

(1) मैं प्रतिदिन सुबह उठूँगा।
(2) मैं किसी भी काम को टालूँगा नहीं, बल्कि तुरन्त कर डालूँगा।
(3) मैं लोगों के साथ अपने सम्बन्धों को बहुत महत्त्व दूँगा।
(4) मैं प्रतिदिन कम से कम चार घण्टे पढ़ूँगा ही।
(5) मैं अपने जीवन में कर्म को प्रधानता दूँगा।
(6) यदि मैंने किसी को आश्वासन दिया है, तो मैं उसे पूरा करूँगा।
(7) मैं लोगों से प्रेमपूर्ण व्यवहार करूँगा।
(8) मैं दूसरे की गरिमा का सम्मान करूँगा, चाहे वह कितना भी छोटा व्यक्ति क्यों न हो।
(9) मैं योजनाबद्ध तरीके से काम करूँगा, आदि-आदि।

हम सभी अनेक प्रकार की कमज़ोरियों से भरे हुए होते हैं। यह दावा करना निहायत गलत होगा कि 'मेरे अन्दर कोई अवगुण नहीं है।' मुझे लगता है कि नये वर्ष में हमें अपने संकल्पों में एक संकल्प यह भी जोड़ लेना चाहिए कि 'मैं अपने किसी एक अवगुण विशेष को समाप्त करूँगा।' इस तरह के कुछ संकल्प निम्न हो सकते हैं -

(1) मैं अपने क्रोध को नियंत्रित करूँगा।
(2) मैं आलस्य से मुक्त होऊँगा।
(3) मुझे अपने अन्दर के ईर्ष्या के भाव को समाप्त करना है।

(4) मैं अपनी चरित्रगत बुराइयों को नष्ट करूँगा, जैसे - सिगरेट पीना, तम्बाकू खाना, शराब पीना, आवारागर्दी करना, चोरी करना आदि।

(5) मैं किसी की बुराई नहीं करूँगा, आदि-आदि।

इस प्रकार सकारात्मक और नकारात्मक संकल्प आपके व्यक्तित्त्व को दो तरफा विकसित करने का काम करेंगे। पहला तो यह कि वे उसमें अच्छे तत्व जोड़कर उसे चमकदार बनाएँगे। दूसरा यह कि वे उसके धब्बेदार तत्त्वों को निष्कासित करके उसे नई आभा प्रदान करेंगे।

हमें यह नहीं भूलना चाहिए कि हमारे जीवन में ज्ञान का इतना अधिक महत्व नहीं है, जितना कि व्यक्तित्व का। ***ज्ञान को तो एक निश्चित समय में अर्जित किया भी जा सकता है, लेकिन व्यक्तित्व को नहीं।*** यह क्रमशः विकसित होने वाला गुण है। जिस प्रकार एक वृक्ष धीरे-धीरे ही बड़ा होता है, उसे अचानक खड़ा नहीं किया जा सकता। ठीक इसी तरह हमारा व्यक्तित्व भी धीरे-धीरे ही विकसित होता है। इतिहास इस बात का गवाह है कि जिन लोगों ने अपने जीवन में बहुत अच्छी सफलताएँ हासिल की हैं, वे अपने ज्ञान के कारण नहीं, बल्कि अपने व्यक्तित्व के कारण और मुझे लगता है कि हमें अपने नए वर्ष को अपने व्यक्तित्व के विकास का आधार बनाने से चूकना नहीं चाहिए।

संसार में जितने भी उत्सव हैं, पर्व हैं, त्यौहार हैं और शुभ दिन हैं, उन सबका मूल उद्देश्य हमारी जड़ता को तोड़कर उसे गतिशील बनाना होता है। ये क्षण हमारी एकरसता को भंग करके उनमें एक नया रंग भरते हैं, ताकि हमारी आंतरिक ऊर्जा अपने पूरे जोशोखरोश के साथ अपने काम में लग सके, लेकिन दुर्भाग्य यह है कि आज हमारे लिए उत्सव जहाँ अंधविश्वासों का पालन करने तक सीमित हो गये हैं, वहीं त्यौहार खाने-पीने और खरीददारी करने तक। नया साल भी लगभग इसी में शामिल हो गया है-शुभकामनाएँ देने तक और खा-पीकर, मौज-मस्ती करने तक। यदि इस मौज-मस्ती से अपने में एक नई ऊर्जा का संचार नहीं होता, तो आपको समझ लेना चाहिए कि आपके लिए नया वर्ष मनाना व्यर्थ है। साथ ही समय और धन की बरबादी भी।

नए का अर्थ ही है–सब कुछ नया। जिस प्रकार साँप अपनी केंचुली छोड़कर एक नया आवरण धारण करता है, बिल्कुल उसी तरह नये साल में हमें भी अपनी जड़–मानसिकता को छोड़कर नई मानसिकता अपनानी चाहिए। हमारे यहाँ होली का त्यौहार इस नए वर्ष को बड़े अच्छे ढंग से व्यक्त करता है। होलिका दहन में लोग अपने घर का कूड़ा–कचरा उड़ेल देते हैं। यानी कि जो कुछ भी पुराना था और जो व्यर्थ हो चुका था, उन सबको जलाकर नष्ट किया जा रहा है, ताकि नए के लिए जगह निकल सके।

तो आप भी नये साल को इसी रूप में लें। इस भागते हुए साल के क्षणों को अपनी संकल्प की डोर से बाँध लें, ताकि आपके जीवन को एक नई दिशा और ताजगी मिल सके ।

मेरे नौजवान मित्रों अपने इन्हीं विचारों के साथ अब मैं आपसे इस आशा के साथ विदा लेता हूँ कि इस पुस्तक को आपने अपने लिये अवश्य ही उपयोगी पाया होगा। यदि सच में ऐसा है, तो आप यह बात अपने परिचितों को भी बताएँ, ताकि वे भी इसका लाभ ले सकें। सबके आगे बढ़ने में ही तो हमारा समाज आगे बढ़ सकेगा।

आपको इस पुस्तक के निर्देशों का यथासंभव पालन अभी से करना शुरू कर देना चाहिए, क्योंकि कहीं ऐसा न हो कि जब आप शुरू करें, तब तक देर हो जाये।

अंत में यही कि ईश्वर आपकी मदद करे।

आपका शुभेच्छु

डॉ. विजय अग्रवाल

आपकी टाइम मैनेजमेंट वर्कशॉप

अब मैं आपके सामने टाइम मैनेजमेंट से जुड़ी हुई कुछ एक्सरसाइज पेश करने जा रहा हूँ, जो आपको आपके समय प्रबंधन को समझने और उसे सुधारने में मददगार साबित होंगी। मैं आशा करता हूँ कि आप इसे हल करते वक्त पूरी तरह से अपने प्रति ईमानदार रहेंगे, ताकि इसका पूरा लाभ उठा सकें।

सबसे पहले आप उन पाँच मुख्य कारणों को लिखें, जिनकी वजह से आपके अनुसार आपका समय बर्बाद होता है –

1. --

2. --

3. --

4. --

5. --

टाइम-मैनेजमेंट क्विज़

इस क्विज़ के द्वारा आप यह टेस्ट कर सकते हैं कि आप समय प्रबंधन में कितने निपुण हैं। आप अपने प्रति एक बार फिर ईमानदार रहें, ताकि सही निष्कर्ष पर पहुँच सकें। उत्तर केवल 'हाँ' या 'ना' में दें।

प्रश्न-1 क्या आप इसका अनुमान लगाते हैं कि आपको हर हफ्ते कितने घंटे पढ़ाई को देने चाहिए?

प्रश्न-2 क्या आप अपने प्रोजेक्ट और असाइनमेन्ट बिल्कुल सही समय पर जमा करते हैं?

प्रश्न-3 क्या आप अपनी पढ़ाई अकादमिक वर्ष की शुरुआत से करते हैं?

प्रश्न-4 क्या आप 'आज क्या-क्या करना है' की लिस्ट बनाते हैं?

प्रश्न-5 क्या आप सामाजिक गतिविधियों को अपने पढ़ाई के समय के बीच में आने से रोकने का प्रयास करते हैं?

प्रश्न-6 क्या आप पढ़ते वक्त उस निश्चित समय के लिये कोई लक्ष्य निर्धारित करते हैं?

प्रश्न-7 क्या आप अपनी पढ़ाई की शुरुआत सबसे कठिन विषय या टॉपिक से करते हैं?

प्रश्न-8 क्या आप अपनी ज्यादातर पढ़ाई अपने सबसे ज़्यादा प्रोडक्टिव घंटों में करते हैं?
(भोर में या उस समय, जो आपको पढ़ने की दृष्टि से सबसे सही लगता हो।)

प्रश्न-9 क्या आप अपने शारीरिक व्यायाम के लिए कुछ समय निकाल पाते हैं?

प्रश्न-10 क्या आप अपने मनोरंजन के लिए कुछ समय अलग रख पाते हैं?

इन प्रश्नों के जवाब देने के बाद आप अपने आपको हर 'हाँ' के लिए 1 और हर 'ना' के लिए 0 अंक दें।

अंकों का विश्लेषण इस प्रकार है :-

0 से 2 – खराब समय प्रबंधन

3 से 4 – सुधार की आवश्यकता

5 से 6 – संतोषजनक

7 से 8 – अच्छा

9 से 10 – बहुत अच्छा

टाइम मैनेजमेंट के चार महत्वपूर्ण सूत्र

1. पूरे अकादमिक वर्ष के लिए एक शेड्यूल बनाएँ।
2. हर सप्ताह अपने सालभर के शेड्यूल को ध्यान में रखते हुए एक प्लान बनाएँ।
3. अपने सप्ताह भर के प्लान को हर दिन चेक करें।
4. दिनभर के शेड्यूल का विश्लेषण करें।

1. सालभर का शेड्यूल

वर्ष के शुरुआत में ही साल भर की गतिविधियों की; जैसे की परीक्षाओं की तारीखें, क्विज़, प्रोजेक्ट आदि की सूची बना लेने से आपको यह अनुमान लगाने में आसानी होगी कि किस महीने आपको अपनी पढ़ाई पर अधिक ध्यान देना है और कब आप अन्य गतिविधियों में शामिल हो सकते हैं।

साल भर की अन्य व्यस्तताओं की; जैसे कि किसी की शादी, बाहर घूमने जाना, दोस्तों के साथ के लिए समय आदि की सूची बनाएँ। यह करने से आपके सामने साल भर का दृश्य स्पष्ट रहेगा।

2. सप्ताह का प्लान

आने वाले सप्ताह में जो काम आपको करने हैं, उनकी सूची तैयार कीजिए। इसमें आपके स्कूल के काम भी शामिल होंगे। सालभर के शेड्यूल को सही रखने के लिये यह अनिवार्य है।

सूची में हफ्ते भर के जो काम हैं, उनमें लगने वाले समय का हिसाब लगाएँ।

3. सप्ताह भर के प्लान को हर दिन चेक करें

इसे करने में आपको ज्यादा वक्त नहीं लगेगा। दिनभर जो आपको काम करने हैं, उनकी एक सूची बना लें और काम हो जाने पर उसे काटते जाएँ। इसमें पिछले दिन के अधूरे काम भी शामिल करें।

दिन भर के कामों की सूची बनाते वक्त कार्यों की प्राथमिकता जरूर निश्चित करें, ताकि कोई अतिआवश्यक काम अंत में रह न जाए।

4. दिन भर के शेड्यूल का विश्लेषण

सुबह कार्यों की सूची बनाते वक्त इस बात पर जरूर ध्यान दें कि आपका दिनभर का शेड्यूल वास्तविक है या नहीं।

रात में विश्लेषण करें कि क्या दिन भर में सोचे गये कार्य आप पूरे कर पाए? अगर नहीं, तो किस वजह से? और आगे इसे कैसे सुधारा जा सकता है?

कहाँ जाता है आपका समय

आपको ऐसा अक्सर लगता होगा कि आपके पास पढ़ने के लिए पर्याप्त समय ही नहीं बचता। ऐसा हो भी सकता है। मगर ज्यादातर ऐसा नहीं होता। आइये, हम जानते हैं कि आपके पास पढ़ाई के लिये हर सप्ताह कितना समय बचता है। कृपया सभी प्रश्नों के उत्तर ईमानदारी से दें।

	हर दिन	हर सप्ताह
प्रश्न–1 सामान्यत: आप कितने घंटे सोते हैं ?		
प्रश्न–2 आप कितना समय तैयार होने में या सजने-सँवरने में लगाते हैं ?		
प्रश्न–3 आप खाने में कितना समय लगाते हैं ?		
प्रश्न–4 आपको अपने स्कूल या कॉलेज आने-जाने में कितना समय लगता है ?		
प्रश्न–5 आपको दिनभर के अन्य कामों, जैसे व्यायाम आदि में कितना समय लगता है ?		
प्रश्न–6 स्कूल या कॉलेज में कितना समय लगता है ?		
प्रश्न–7 कितना समय आप मनोरंजन को देते हैं ?		
अब साप्ताहभर के समय को जोड़ लें।		

अब इस आँकड़े को 168 में से घटा दें। अब जो उत्तर आयेगा, वह समय आपकी पढ़ाई के लिए बचता है।

अब आगे क्या करें ?

सप्ताह भर में कितने घंटे पढ़ना चाहये -

मेरे अनुसार एक छात्र को हर सप्ताह अपने कॉलेज या स्कूल में पढ़ने के अलावा लगभग 21 अतिरिक्त घंटे अपनी पढ़ाई को देने चाहिए।

विश्लेषण में 21 घंटे न बचने पर -

अगर ऊपर दिये गये विश्लेषण को हल करने के बाद अंत में आपके पास 21 घंटे न बच रहे हों, तो उन कामों के समय को घटाएँ, जो आपको अनावश्यक लगते हैं।

21 घंटे बचने के बावजूद इसका सही उपयोग न कर पाने पर -

यह समस्या सबसे आम है। इसका हल आगे देने का प्रयास किया है।

क्या करें कि समय का सही उपयोग हो

- ☑ अपने दिन भर के सबसे ऊर्जा से भरे समय और सबसे प्रोडक्टिव समय को पहचानें।
- ☑ सबसे कठिन या बोरिंग विषय सबसे पहले पढ़ें।
- ☑ कोशिश करें कि हर बार एक निश्चित स्थान पर ही पढ़ें।
- ☑ लाइब्रेरी में पढ़ें।
- ☑ अपने मन और ध्यान को भटकने से रोकें।
- ☑ अपने इंतजार वाले समय का उपयोग करें (टीचर या बस का इंतजार)।
- ☑ अपने स्कूल या कॉलेज का पढ़ने के लिए ज्यादा से ज्यादा लाभ उठाएँ।

कम समय के लिए लक्ष्य निर्धारण -

अब आप कुछ हफ्तों के लिए अपने समय प्रबंधन को ठीक करने के लिये लक्ष्य का निर्धारण करें। लक्ष्य वास्तविकत होने चाहिए।

इस वर्कशॉप से आपने क्या-क्या जाना

- ☑ समय बर्बाद होने के पाँच मुख्य कारण।
- ☑ टाइम मैनेजमेंट की कला का स्तर।
- ☑ प्लान व शेड्यूल बनाने की कला।
- ☑ समय कहाँ जाता है।
- ☑ समय-प्रबंधन को और बेहतर करने के उपाय।

डॉ. विजय अग्रवाल द्वारा लिखी गई इस पुस्तक 'प्रशासनिक चिन्तक' की दो अपनी विशेषताएँ हैं –

- पहली यह कि यह मूल हिन्दी में ही लिखी गई है। इसमें आपको अनुवाद के कारण पैदा हुई कठिनाई से गुजरना नहीं पड़ेगा।
- दूसरी यह कि यह पुस्तक सिद्धान्त, समझदारी और अनुभव को मिलाकर लिखी गई है।

इसके कारण आप इस पुस्तक में एक अलग ही तरह की सहजता, सरलता और रोचकता पायेंगे। यह प्रशासनिक चिन्तकों के बारे में आपके दिमाग में समझ की एक ऐसी पुख्ता नींव तैयार कर देगी कि इनको लेकर होने वाले उलझाव और अस्पष्टता से आपको हमेशा-हमेशा के लिए मुक्ति मिल जायेगी। साथ ही यह आपके अन्दर एक ऐसी अन्तर्दृष्टि भी पैदा करेगी कि आप अपने स्तर पर कुछ नया सोच सकें।

इस पुस्तक को पढ़ने के बाद आप स्वयं को इस स्थिति में पायेंगे कि आपके विश्लेषण करने की क्षमता में कई गुना वृद्धि हो गई है। आप स्वयं को सामाजिक-विज्ञानी दृष्टि से सम्पन्न एक बौद्धिक युवा के रूप में पायेंगे। और ऐसा हो जाना कम बड़ी बात नहीं होगी।

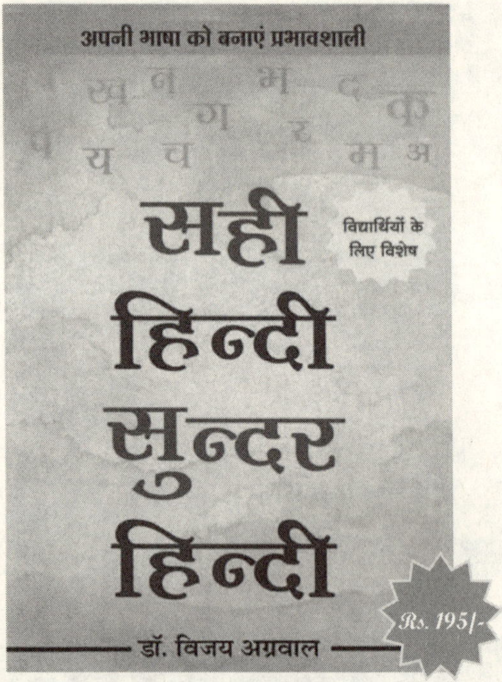

– यदि आप चाहते हैं कि आपकी हिन्दी

✓ सही हो, और

✓ सुन्दर भी हो

तो निश्चित रूप से यह किताब आपके लिए ही है।

– यदि आप चाहते हैं कि आपको

✓ परीक्षा में अच्छे मार्क्स मिलें, और

✓ इन्टरव्यू में भी सफलता प्राप्त हो,

तो निश्चित रूप से यह किताब आपको पढ़नी ही चाहिए।

वस्तुतः यह पुस्तक एक डायरेक्टरी की तरह है, एक डिक्शनरी की तरह है, जिसे आपकी स्टडी टेबल पर होनी ही चाहिए। यह आपसे बातचीत करती है, और मजेदार बात यह है कि इससे बातचीत करने का कोई टाइम फिक्स नहीं है।

दिमाग ही दुश्मन है

यू.जी.कृष्णमूर्ति

165 रु.

"यू. जी. कृष्णमूर्ति मेरे कथा नायक हैं। मेरा यू. जी. से मिलने आना मौत के अनुभव का मेरा अपना तरीका है।" ***-महेश भट्ट, प्रसिद्ध फिल्म निर्माता व निर्देशक***

इस पुस्तक में यू. जी. कृष्णमूर्ति के साथ की गई बातचीत के अंश हैं, जो किसी भी बात को बिलकुल उसी तरह कहते हैं, जिस तरह कही जानी चाहिए। निश्चित रूप से यह पुस्तक उन लोगों के लिए नहीं है, जो इसे पढ़कर शांति, सत्य या ब्रह्म की प्राप्ति करना चाहते हैं। लेकिन यह उनके लिए अवश्य है, जो अपने दिमाग की चालबाजियों को समझना चाहते हैं और स्वयं को इस जाल में फँसने से बचाना चाहते हैं। यू. जी. के साथ किया गया यह वार्तालाप एक ऐसी यथार्थवादी और मौलिक दृष्टि प्रदान करता है, जिसकी ओर कभी भी हमारा ध्यान सपने में भी नहीं जाता। यू. जी. की बातें और उनके विचार हमें सहलाते नहीं, बल्कि थप्पड़ मारते हैं। सहलाने और थपथपाने में उनका तनिक भी विश्वास नहीं है। जो व्यक्ति अपने आपके प्रति निर्मम हो सकता है, वही यू. जी. के इन विचारों से लाभ उठाकर अपने जीवन को एक नई दिशा प्रदान कर सकता है। सचमुच यह जानना बहुत दुखद लगता है कि हम अपने उस दिमाग को ही अपना दुश्मन मान रहे हैं, जिसे हम अब तक अपना सबसे बड़ा मित्र समझते थे। लेकिन सच्चाई क्या है, इसे इस पुस्तक को पढ़ने के बाद ही जाना जा सकेगा।

यह पुस्तकें किताब-दुकान में न मिलने पर संपर्क करें- फोन- 0755-4245626